Naturaleza divertida

Pamela Hickman

y la Federation of Ontario Naturalists

Ilustraciones de Judie Shore

ONIRO

COLECCIÓN DIRIGIDA POR CARLO FRABETTI

Título original: *The Jumbo Book of Nature Science* (selección páginas: 1-93 y 158-159)
Publicado en inglés por Kids Can Press Ltd., Toronto, Ontario, Canada

Traducción de Joan Carles Guix

Diseño de cubierta: Valerio Viano

Ilustración de cubierta e interiores: Judie Shore

Distribución exclusiva:
Ediciones Paidós Ibérica, S.A.
Mariano Cubí 92 – 08021 Barcelona – España
Editorial Paidós, S.A.I.C.F.
Defensa 599 – 1065 Buenos Aires – Argentina
Editorial Paidós Mexicana, S.A.
Rubén Darío 118, col. Moderna – 03510 México D.F. – México

© 2004 exclusivo de todas las ediciones en lengua española:
Ediciones Oniro, S.A.
Muntaner 261, 3.º 2.ª – 08021 Barcelona – España
(oniro@edicionesoniro.com – www.edicionesoniro.com)

ISBN: 84-9754-095-6
Depósito legal: B-44.884-2003

Impreso en Hurope, S.L.
Lima, 3 bis – 08030 Barcelona

Impreso en España – *Printed in Spain*

Índice

Aventuras al aire libre

Sal a dar un paseo y descubre algunas de las increíbles criaturas que viven en el umbral de la puerta de tu casa y en la calle. Tanto si vives en la ciudad como en el campo, encontrarás insectos, plantas y pájaros que puedes observar, esbozar y fotografiar. Aprende algunos trucos para atraer a los insectos, descubre los diminutos seres que viven en las hojas de los árboles, recoge unas cuantas semillas con los pies o confecciona un disfraz de camuflaje y dedícate a observar las aves. Te esperan múltiples aventuras al aire libre.

De paseo

¿Qué mejor forma de descubrir una infinidad de insectos en el vecindario que dando un paseo? Verás dónde viven los insectos neurópteros –una especie de grillos americanos–, cómo se arrastran las orugas o qué comen las tijeretas.

Paseos temáticos

¿Cómo se desplazan las libélulas o los saltamontes? Si tienes alguna predilección acerca de algún tipo de insectos, concéntrate en ellos. Indaga cuál es su hábitat preferido y busca en él. Por ejemplo, las libélulas suelen danzar sobre los estanques y corrientes de agua, pero a los saltamontes les encanta la hierba alta y los prados de flores silvestres. Si centras tu atención en una o dos especies de insectos a un tiempo, podrás dedicar más tiempo a aprender a identificarlos. Puedes observar algunas de sus características, tales como el color, el tamaño y la forma de las alas, y empezar así a reconocer las diferentes especies.

En algunas provincias o regiones existen asociaciones de amantes de la naturaleza o museos de historia natural que disponen de listas de determinados insectos (mariposas, etc.) que habitan en un área particular. De este modo, cuando identifiques una mariposa, por ejemplo, puedes consultar la lista para asegurarte de que realmente vive en la zona donde la viste.

Minipaseos

¿Quién dice que los paseos de observación tienen que ser largos o indefectiblemente a pie? Realiza minipaseos y proporciona un descanso a tus pies. Ponte a cuatro manos y dedícate a observar detenidamente el suelo en busca de insectos, o deja que sean tus dedos los que caminen: busca un tronco podrido0 y rastréalo con las manos y un par de pinzas. Efectúa un minipaseo en un árbol, empezando por la base y subiendo por el tronco, fijándote en los recovecos de la corteza, debajo de la corteza suelta, en los hoyos, encima y debajo de las hojas y flores, semillas, piñas o bayas. ¡Puedes pasear horas y horas sin irritarte los pies!

Trucos del oficio

Muchos insectos prefieren los lugares tranquilos y umbríos, y hay que persuadirlos para que salgan a campo abierto. A continuación encontrarás algunos «trucos del oficio» para descubrirlos.

A ras del suelo

Los insectos que viven en el suelo pueden salir de su escondrijo si les tientas con un dulce o una golosina cremosa

Material necesario

desplantador (llana)
lata de refresco enjuagada sin una de las bases
cuchara
crema de chocolate y mermelada

1. En un campo o en un bosque cava un gran hoyo e introduce en él la lata. Amontona la tierra alrededor de la lata, asegurándote de que la base abierta queda a ras del suelo.
2. Vierte un par de cucharadas de mermelada en la lata y extiende una fina capa de crema de chocolate alrededor del borde.

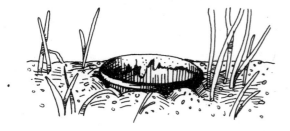

3. Deja la trampa varias horas o toda la noche, y luego regresa para ver lo que has atrapado.
4. Cuando hayas echado un dilatado vistazo a tus huéspedes, déjalos en libertad. Retira la lata y rellena el hoyo de tierra. Repite el mismo proceso

en un hábitat diferente y compara los tipos y la cantidad de insectos que has atrapado.

¡Sacúdelo!

Los pequeños arbustos son súper escondrijos para los insectos, pero si los sacudes, aparecerán y tendrás la oportunidad de examinarlos con detalle. Coge una vieja sábana de color blanco o pálido y extiéndela en el suelo, debajo del arbusto. Luego, sacude con fuerza el arbusto y diferentes tipos de criaturas se precipitarán en la sábana. Cuando las hayas observado, déjalas cerca de la base del arbusto y volverán a trepar por sus ramas.

Veo, veo

Cuando salgas a dar un paseo, juega al «Veo, veo» con la naturaleza. Muchos insectos y otros animales se esconden debajo de las piedras, rocas y ramitas podridas. Levántalos con cuidado para revelar la vida que se oculta debajo de ellos. Con un poco de suerte encontrarás diversos tipos de escarabajos, hormigas, ciempiés, cardadores, lombrices de tierra, caracoles y quién sabe, tal vez alguna salamandra. No olvides poner de nuevo en su sitio las piedras o ramas para que los animalitos puedan guarecerse y estar protegidos.

Red de observación

¿Qué ves cuando miras un campo abandonado, una cuneta o zanja sin segar o un prado? Probablemente una infinidad de hierba alta y flores silvestres. Pero lo importante es lo que no ves. Un paseo casual por la hierba te descubrirá innumerables criaturas saltando, brincando y volando en todas direcciones. ¿Cómo puedes observar de cerca estos insectos? Lo que necesitas es una red. Con ella, los atraparás fácilmente y podrás examinarlos hasta la saciedad. Luego suéltalos.

Material necesario

percha
cortaalambres
tijeras
funda de almohada vieja y de color pálido
   con dobladillo
hilo y aguja (opcional)
navaja
mango de escoba o stick de hockey
alambre robusto y flexible

1. Dobla la percha formando un círculo y pide a un adulto que corte los extremos con un cortaalambres o unas tijeras, tal como se indica en la ilustración inferior.

2. Practica una pequeña abertura en el dobladillo de la funda de almohada y ensarta la percha de manera que los dos extremos salgan por el orificio. El dobladillo debería quedar en el interior de la red.

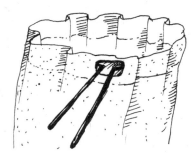

3. Si prefieres confeccionar una red más pequeña, corta una tira de la funda y luego vuelve a coser el dobladillo.

4. Pide a un adulto que practique una profunda ranura a cada lado del extremo del mango de escoba, lo bastante largo para que puedan entrar los extremos de la percha y queden bien sujetos.

5. Introduce los extremos de la percha en las ranuras y enrolla alambre flexible alrededor de las ranuras para que la red quede bien sujeta al mango.

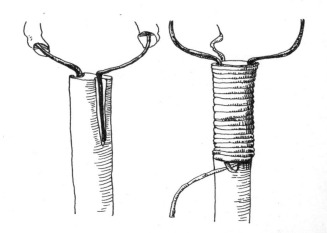

6. Arrastra la red por la hierba alta, flores silvestres y pequeños matorrales... y descubrirás numerosos insectos. Recuerda que algunos pican o muerden a modo de defensa; así pues, ten cuidado.

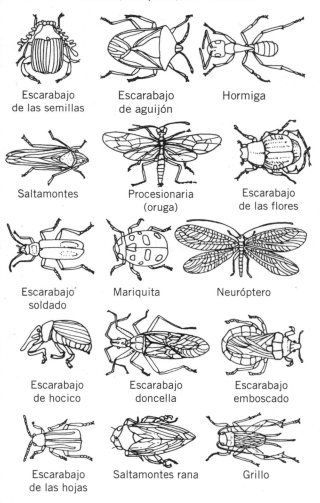

Escarabajo de las semillas

Escarabajo de aguijón

Hormiga

Saltamontes

Procesionaria (oruga)

Escarabajo de las flores

Escarabajo soldado

Mariquita

Neuróptero

Escarabajo de hocico

Escarabajo doncella

Escarabajo emboscado

Escarabajo de las hojas

Saltamontes rana

Grillo

Entre otras especies que puedes encontrar en tu guía de campo se incluyen los saltamontes arborícolas, los mántidos, catídidos, varios tipos de orugas, áfidos, escarabajos escudo y escarabajos negros.

¡Ya lo tengo!

Cuando atrapas algo en la red, puedes observarlo más detenidamente trasladándolo a un recipiente mediante unas pinzas. Usa una botella o frasco pequeño y limpio si el animal es de escaso tamaño, y un gran tarro de mermelada si es grande. Asegúrate de que tiene orificios en la tapa. Para evitar que los insectos se escapen de la red mientras los examinas, dobla la sección inferior hacia la abertura, y cuando hayas terminado de contemplarlos, devuélvelos al lugar en el que los encontraste.

Todo, incluido el fregadero

¿Has oído hablar de la pesca con mosca? ¿Por qué no pescar moscas... y otros insectos acuáticos? Busca en la cocina hasta dar con alguna «caña» y prepárate para vivir una extraordinaria experiencia.

Material necesario
fuente poco profunda, transparente
    o de color pálido
colador atado al mango de una escoba
pinzas
pequeño pincel
cuentagotas (de los que se usan para rociar
    alimentos con su jugo durante la cocción)
guías de campo referentes a los estanques
    para identificar insectos y mariposas
guantes de goma (opcional; van bien
    con el agua fría)

1. Llena de agua la fuente. Éste será tu Campamento Base.
2. Hunde el colador en el estanque para atrapar los insectos que naden en él. Pásalo con cuidado alrededor de las plantas.
3. Traslada tus capturas al Campamento Base con la ayuda de unas pinzas o un pincel. Algunos insectos, tales como los escarabajos acuáticos gigantes o los escorpiones de agua, pueden picarte. Así pues, ten cuidado al manipularlos.
4. Explora el fondo fangoso del estanque y arrastra el colador. Observa los insectos que has atrapado y trasládalos al Campamento Base.
5. Para examinarlos con más detalle, usa el cuentagotas para transferir los insectos desde la fuente hasta frascos con agua.

6. Cuando hayas terminado de contemplarlos y los hayas identificado con las guías de campo, devuélvelos a su hábitat en el estanque.

Aspectos a tener en cuenta
Fíjate en...
- número de patas
- color
- tamaño
- forma
- forma de desplazarse
- lugar en el que viven en el estanque

Periscopio de profundidad

¿Te has metido alguna vez en un estanque y has notado que algo se movía alrededor de los pies o trepaba hasta las rodillas? ¿Te preguntaste qué era? Imagina que pudieras encogerte hasta el tamaño de un pez y explorar el mundo subacuático. Encogerte es imposible, pero lo que sí puedes hacer es contemplarlo mediante un periscopio de profundidad. Con unos cuantos utensilios domésticos puedes construir este espía de cristal e iniciar la exploración.

Material necesario
abrelatas (solicita la ayuda de un adulto)
lata de refresco de 1 litro
cinta adhesiva resistente al agua
plástico transparente de cocina
aro de goma grande
tijeras

1. Con un abrelatas corta los dos extremos de la lata de refresco y reviste el borde con cinta adhesiva para no cortarte.

2. Extiende un trozo de plástico transparente de cocina sobre una de las aberturas de la lata, traslapándolo en todo su perímetro.

3. Coloca el aro de goma alrededor de la abertura de la lata, de manera que el plástico quede bien tenso.

4. Recorta los bordes del plástico para que queden uniformes, y luego pégalos son cinta adhesiva resistente al agua.

5. Prueba el periscopio de profundidad en un fregadero, sumergiendo en el agua el extremo recubierto de plástico y procurando que la sección abierta nunca rebase la superficie del agua.

6. Visita un estanque o una marisma y observa lo que se mueve debajo del agua.

Mariposas de la luz

No hace falta que te disfraces de mariposa de la luz para atraer a una. En realidad, con unos cuantos materiales muy simples puedes convocar una auténtica fiesta de este tipo de mariposas y de otros insectos. Tal vez deseas utilizar una guía de campo para identificar a algunos de tus huéspedes.

Azúcar

Al igual que niños, a muchos insectos les encanta el dulce. Puedes atraer mariposas de la luz y otros insectos colocando cualquier alimento dulce y cremoso. Las mariposas de la luz son más fáciles de atraer en la oscuridad, aunque puedes utilizar el mismo método para observar otros insectos durante el día.

Material necesario
azúcar o melaza
zumo de frutas caducado
fruta muy madura, casi podrida (los plátanos
 dan excelentes resultados)
cuenco y cuchara
árboles
pincel
linterna

1. Mezcla el azúcar, el zumo y la fruta en un cuenco.
2. Al anochecer elige uno o varios árboles, y extiende la mezcla en la corteza con la ayuda de un pincel.
3. Regresa alrededor de una hora más tarde, en plena oscuridad, y usa la linterna para ver lo que has conseguido atrapar.
4. Puedes hacer un camino de mariposas de la luz pintando varios árboles siguiendo una ruta que se pueda recorrer en 20-30 minutos, procurando terminar donde empezaste. Cuando hayas pintado el último árbol, es posible que algunos insectos ya hayan acudido al primero. Sigue la ruta y comprueba la presencia de mariposas de la luz en cada árbol.

Amantes de la luz

¿Has observado alguna vez todos los insectos que revolotean alrededor de las farolas por la noche? La luz suele atraer a los que vuelan en la oscuridad, especialmente a las mariposas de la luz. Las áreas con abundantes árboles y flores, como los jardines, parques o bosques, son buenos emplazamientos para observar a estos voladores nocturnos.

Material necesario

tachuelas
vieja sábana blanca
luz (del porche, linterna grande o farol)
gran tarro de cristal con la tapa perforada
tallo de una planta o rama para introducir
    en el frasco

1. Clava la sábana en la pared de un edificio o en la rama de un árbol.
2. Ilumínala con una luz brillante por la noche.
3. En el caso de insectos inofensivos, puedes aproximarte. Cuando uno de ellos aterrice en la sábana, intenta atraparlo en el tarro de cristal para observarlo más de cerca. Cuando hayas terminado, suéltalo.

Plantas que comen insectos

Si te gusta la ciencia ficción, probablemente hayas oído hablar de increíbles plantas carnívoras que aterrorizan a la gente y a los animales. Pero ¿sabías que existen alrededor de 450 especies diferentes de plantas carnívoras? Por supuesto, no atacan al ser humano, pero atrapan y digieren una amplia diversidad de insectos. Es su forma de alimentación.

Como una almeja

Las Venus papamoscas son famosas en todo el mundo, aunque sólo crecen en Carolina del Norte y del Sur (Estados Unidos). Sus hojas abisagradas están provistas de largas púas sensibles al tacto, y cuando algún insecto se posa en ellas, las dos valvas se cierran y atrapan a su presa.

Pegajoso

Las rosolíes pueden ser pequeñas, pero muy eficaces a la hora de capturar insectos. Sus hojas disponen de largas vellosidades rematadas de gotas de una sustancia húmeda y pegajosa, y los insectos quedan literalmente pegados en ella. Luego, las hojas se doblan para encerrar al insecto en una especie de estómago temporal.

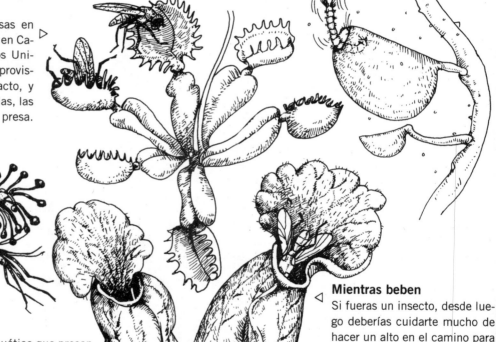

Trampillas

La *Utricularia inflata*, una planta acuática que presenta las hojas en forma de vejigas, utiliza una falsa trampilla para dar caza a los insectos. Crece en el agua de los estanques y tiene vejigas semejantes a una bolsa adheridas a las hojas. Las vejigas está provistas de pelos, de manera que cuando un insecto los toca, la trampilla de abre y la vejiga se hincha, succionando a su presa.

Mientras beben

Si fueras un insecto, desde luego deberías cuidarte mucho de hacer un alto en el camino para beber en una planta-embudo, puesto que atrae a los insectos hasta sus «jarritas» repletas de líquido, y luego, apuntando hacia abajo sus vellosidades, evita que se escapen. Una vez dentro, la presa se ahoga y la planta la digiere.

Conviértete en una planta-embudo

Si quieres, puedes atrapar un insecto tal como lo hace la planta-embudo. Examínalo detenidamente antes de soltarlo.

Material necesario
embudo de plástico
cúter
trozo de fruta jugosa o zumo de frutas
tarro de cristal de boca ancha

1. Pide a un adulto que corte la sección estrecha del embudo, de manera que la abertura tenga aproximadamente 1 cm de diámetro.

2. Frota el trozo de fruta en la cara interior del embudo o vierte un poco de zumo para que quede pegajoso y con aroma dulzón.
3. Coloca la fruta en la base del tarro.
4. Pon el embudo en la boca del tarro con la parte estrecha apuntando hacia abajo.
5. Colócalo al aire libre (patio trasero, jardín, campo, etc.) y espera a que acuda el primer visitante. Fíjate en lo que ocurre cuando una mosca o una avispa aterriza en el embudo. La fruta la atrae hacia el tarro, al igual que las plantas-embudo atraen a su presa. Una vez en el interior, el insecto será incapaz de salir hasta que retires el embudo.

Busca vida en una planta

¿En alguna ocasión has visto un solídago con una protuberancia en forma de huevo en el tallo? Estas curiosas formas, llamadas «agallas», no son partes naturales de la planta, sino que se deben a la presencia de una mosca o una mariposa de la luz que se introduce en su interior para resguardarse del invierno. Las agallas del solídago figuran entre las más comunes, aunque existen muchos tipos diferentes en bulbos, hojas, flores, tallos, ramas e incluso en las raíces de las plantas, arbustos y árboles.

Historia interior

Las agallas del solídago se forman cuando un insecto adulto pone un huevo en la superficie del tallo de la planta. Al eclosionar, la larva se arrastra a lo largo del tallo, practica un orificio y luego se acomoda en él. Ni que decir tiene que esta invasión molesta sobremanera a la planta, que responde a la «irritación» generando gruesas capas adicionales de tejido vegetal alrededor de la larva. Estas capas forman la agalla.

En el interior de la agalla, la larva vive en un paraíso de ensueño: está rodeada de alimento (la misma planta), está resguardada del frío invernal y oculta y protegida de los numerosos depredadores. Vivir en una agalla es como disponer de un frigorífico lleno de comida en el cálido dormitorio. La mayoría de los insectos que habitan en las agallas pasan el invierno en forma de larva y luego cambian a pupa a principios de primavera. A principios de verano una diminuta mosca o mariposa de la luz adulta emerge a través de un pequeño orificio, completando el ciclo de la vida.

Uso de las agallas

En América del Norte hay más de 1.500 insectos que forman agallas, y si bien las plantas y los árboles no las utilizan en lo más mínimo, la gente sí. En el pasado, se hervían para extraer sus pigmentos (colores naturales), que se empleaban para teñir la madera, la piel, el pelo y el cuero. El ácido tánico, que se usa en la elaboración de la tinta, también procede de las agallas.

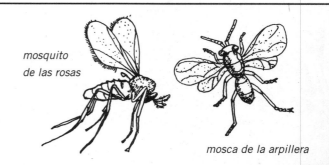

mosquito de las rosas

mosca de la arpillera

Recolección de agallas

Las agallas son fascinantes minihábitats para diminutos insectos y muy fáciles de recolectar.

Material necesario
tijeras
bolsa
cúter o navaja
tarros de cristal
plástico de cocina o retales
    de tela
aros de goma

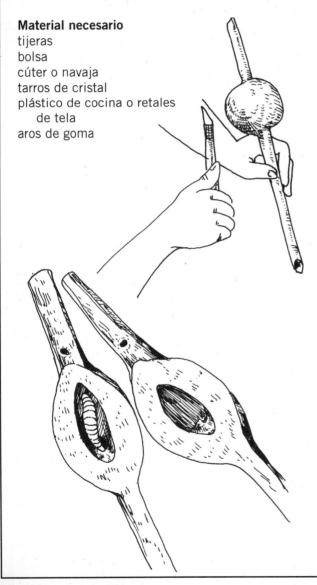

1. A finales de verano, otoño o invierno busca un campo en el que abunden los solídagos y recoge unas cuantas agallas. Utiliza unas tijeras para cortar el tallo y guarda las agallas en una bolsa. Procura recolectar diferentes tipos de agallas para comparar su tamaño, su forma y las larvas que viven en su interior. También podrás encontrarlas en los robles y álamos blancos.

2. Una vez en casa, abre unas cuantas agallas. Pide a un adulto que las corte con un cúter o una navaja, procurando no dañar la larva. Si la agalla está vacía, busca posibles orificios de salida. Podría ser que el insecto en cuestión la hubiera abandonado semanas o meses antes, o que un pájaro carpintero hambriento se lo haya desayunado. En ocasiones, encontrarás un residente inesperado. Puede tratarse de un parásito que ha matado a la larva o de una araña, abeja, hormiga o escarabajo que se haya mudado a su interior.

3. Coloca una muestra sin cortar de cada tipo de agalla en tarros de cristal y tápalos con plástico de cocina o retales de tela, sujetándolo con aros de goma.

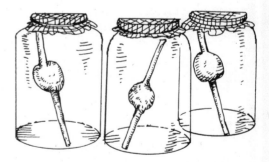

4. Pon los tarros en un lugar fresco, sin calefacción (garaje, terraza, etc.) y déjalos allí durante varios meses. A finales de primavera observarás cómo emergen los insectos adultos.

Busca vida en una hoja

La próxima vez que saltes sobre un montón de hojarasca, echa un vistazo a lo que pulula bajo tus pies. Si se trata de hojas de roble, álamo blanco, abedul o de cualquier árbol frutal, te llevarás una sorpresa. Las hojas proporcionan alimento y cobijo a una amplia diversidad de diminutos insectos. Fíjate en los detalles siguientes.

Mineros

Si la hoja presenta pequeñas protuberancias similares a ventanas, o un serpenteante laberinto, probablemente haya sido invadida por los insectos mineros. Las larvas de las moscas mineras, escarabajos, avispas, mariposas y mariposas de la luz son tan minúsculas que son capaces de excavar túneles entre la cara superior e inferior de una hoja. Se alimentan del blando tejido vegetal (la parte verde), dejando atrás la excreción de residuos. Los insectos que se desplazan al tiempo que comen forman un complejo sistema de diminutos pasadizos que indican su recorrido.

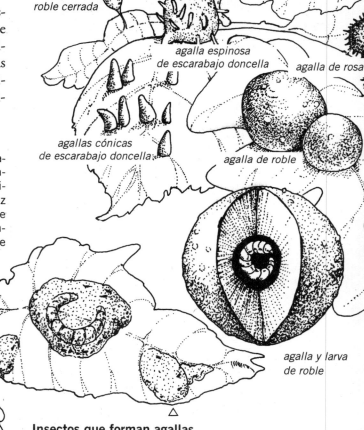

agalla azul de roble

agalla de roble cerrada

agalla espinosa de escarabajo doncella

agalla de rosa

agallas cónicas de escarabajo doncella

agalla de roble

agalla y larva de roble

Insectos que forman agallas

¿Has observado extrañas protuberancias o bolitas en una hoja? Las agallas son excrecencias que se generan en las plantas cuando un insecto se acomoda en su tallo sin haber sido invitado. Cada tipo de insecto confecciona una agalla diferente, y con una buena guía de campo podrás identificar a su inquilino. Algunas especies de moscas y abejas forman agallas. En efecto, excavan en una hoja y hacen que la planta continúe creciendo a su alrededor. Si cortas una agalla con un cúter, podrás observar quién se aloja en su interior. En la página 17 encontrarás más información sobre la disección de las agallas.

Comehojas

Si has encontrado algunas hojas con grandes orificios, obsérvala detenidamente; es posible que los que la han devorado no estén demasiado lejos. A menudo, las orugas de las mariposas de la luz y de las mariposas ordinarias se alimentan de hojas. Se desplazan arqueando su cuerpo y tirando de la parte posterior hasta que se junta con la anterior.

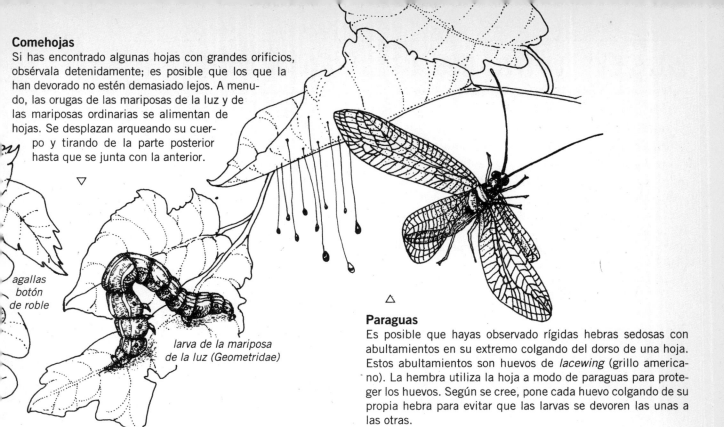

agallas
botón
de roble

larva de la mariposa
de la luz (Geometridae)

Paraguas

Es posible que hayas observado rígidas hebras sedosas con abultamientos en su extremo colgando del dorso de una hoja. Estos abultamientos son huevos de *lacewing* (grillo americano). La hembra utiliza la hoja a modo de paraguas para proteger los huevos. Según se cree, pone cada huevo colgando de su propia hebra para evitar que las larvas se devoren las unas a las otras.

Eres lo que comes

Imagina que comieras tomates y te volvieras rojo, o zanahorias y te volvieras anaranjado. En realidad, las orugas del maíz se vuelven verdes tras haberse hartado de jugosas hojas. Por su parte, las larvas de la mariposa monarca absorben las sustancias químicas de una planta llamada algodoncillo de la que se alimentan. Estas sustancias se almacenan en el cuerpo del insecto y tienen un sabor fatal para los depredadores. En efecto, los pájaros no tardan en aprender a evitar el horrible sabor de las mariposas negras y anaranjadas. Así pues, comiendo algodoncillos, las monarca no sólo se alimentan, sino que se protegen de sus enemigos.

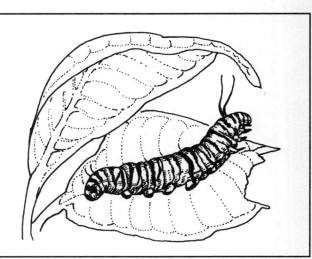

Observación de las hojas

Tu mano es como una hoja. Fíjate en la cara inferior de la muñeca y observa todas las venas que discurren desde el brazo hasta la mano. Las hojas también tienen venas que discurren desde la rama. Las venas de la mano están cubiertas de piel y tejido, y son difíciles de ver. Aunque las de las hojas también están revestidas de tejido vegetal, su perfil es perfectamente visible. Tus venas transportan sangre desde la mano hasta el corazón. Como es lógico, las plantas carecen de sangre, pero sí tienen un líquido acuoso llamado savia. En el interior de las venas

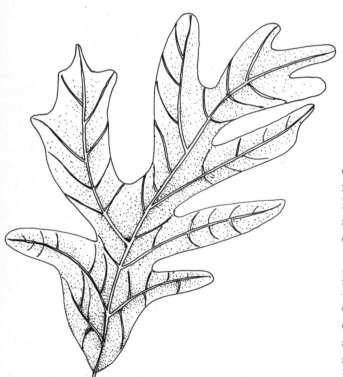

de una hoja hay dos tipos de conductos: unos, llamados xilemas, transportan agua y minerales desde las raíces hasta las hojas, y otros, llamados floemas, transportan el alimento elaborado por la hoja durante la fotosíntesis a otras partes de la planta.

Las venas también actúan a modo de huesos, proporcionando soporte al tejido vegetal, al igual que tus huesos soportan tus tejidos orgánicos. Cuando hay mucha agua acumulada en la planta, las venas están llenas de savia y las hojas se mantienen erectas, pero cuando el agua es escasa, pierden su rigidez y se doblan. Para observar con más detalle las venas de una hoja y comparar los diferentes tipos de diseños, arranca el tejido vegetal y deja su esqueleto (véase p. 22).

20

Recolección de hojas

Examina las hojas en tu jardín, en el parque o en cualquier planta de interior. ¿Qué formas tienen? Como comprobarás, existe una variedad casi interminable de hojas; de ahí que observarlas y coleccionarlas resulte divertidísimo. Veamos una manera fácil de conservar las hojas.

Material necesario
variedad de formas de hoja
papel encerado
tela
plancha (pide a un adulto que te ayude)
pegamento
varias hojas de papel para una carpeta de anillas
carpeta de anillas

1. Recoge una muestra de hojas en perfecto estado de diversas plantas, procurando que tengan la máxima diversidad posible de formas. Puedes coger hojas verdes en verano y amarronadas en otoño.

2. Dobla por la mitad una pieza de papel encerado, de manera que la superficie encerada quede en el interior. Asegúrate de que el papel es lo bastante grande como para cubrir la hoja de mayor tamaño.

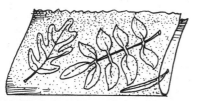

3. Pon una hoja entre el papel encerado doblado, cúbrelo con una tela y plánchalo con cuidado con una plancha bien caliente. El calor fundirá la cera y revestirá la hoja. Este proceso impedirá que la hoja se seque.

4. Pega cada hoja en una hoja de papel, escribiendo junto a ella dónde la encontraste, cuándo y de qué tipo es.

arce
jardín
octubre

5. Guarda tu colección en una carpeta de anillas.

Confección de esqueletos de hojas

Con un poco de agua y un clima cálido puedes confeccionar esqueletos de hojas con suma facilidad.

Material necesario

variedad de hojas verdes (arce, álamo blanco, olmo, etc.)
papel de periódico
cuenco
papel de cocina
pintura (opcional)
pegamento (opcional)
papel grueso o cartón (opcional)

1. Coloca las hojas planas en el fondo de una fuente poco profunda y cúbrelas de agua. Añade un poco de abono; las bacterias acelerarán el proceso de descomposición.
2. Deposita varios periódicos sobre el abono para prensar las hojas.

3. Deja la fuente al aire libre, en un lugar soleado, durante dos o tres semanas. Es posible que la mezcla de agua y hojas empiece a oler mal a medida que el tejido vegetal se pudre; procura colocar la fuente lo más lejos de casa posible.

4. Retira los periódicos y extrae unas cuantas hojas.
5. Colócalas en un cuenco de agua caliente y frótalas con mucho cuidado entre el pulgar y el índice. De este modo, eliminarás los restos de tejido vegetal y dejará a la vista las venas.

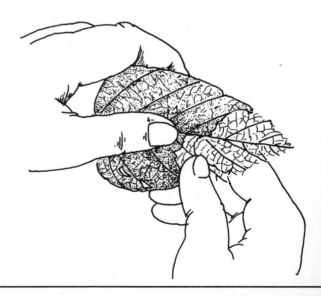

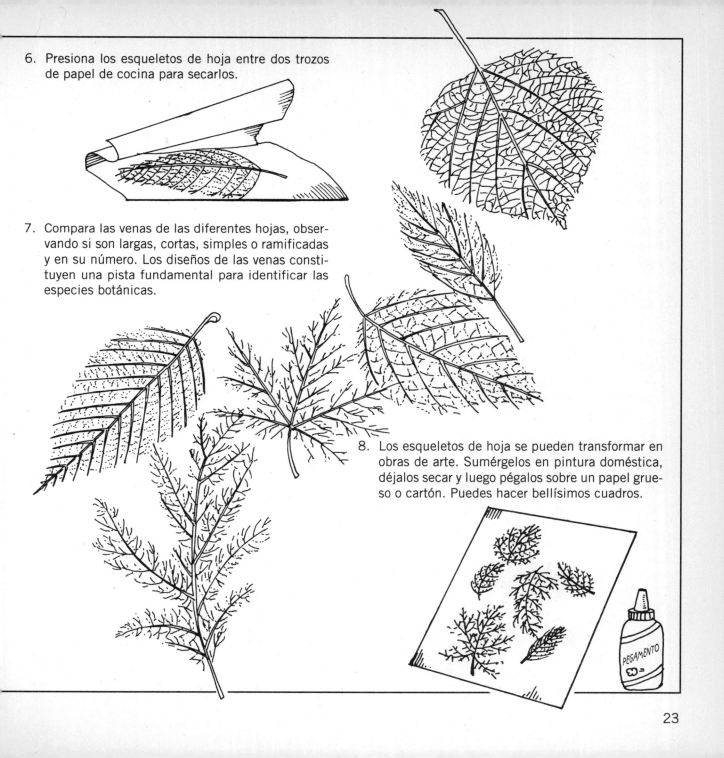

6. Presiona los esqueletos de hoja entre dos trozos de papel de cocina para secarlos.

7. Compara las venas de las diferentes hojas, observando si son largas, cortas, simples o ramificadas y en su número. Los diseños de las venas constituyen una pista fundamental para identificar las especies botánicas.

8. Los esqueletos de hoja se pueden transformar en obras de arte. Sumérgelos en pintura doméstica, déjalos secar y luego pégalos sobre un papel grueso o cartón. Puedes hacer bellísimos cuadros.

PEGAMENTO

Semillas y calcetines

Si lo deseas, puedes reunir una extraordinaria colección de semillas dejando que sean tus pies quienes realicen el trabajo. Veamos cómo.

Material necesario

un par de viejos calcetines de lana
pinzas
pegamento
papel grueso
etiquetas
bolígrafo
pequeños tarros transparentes con tapa

1. Ponte los calcetines sobre los zapatos y pasea por un campo a finales de verano o principios de otoño.

2. Como verás, las semillas se quedan pegadas en los calcetines. Una vez finalizado el paseo, quítatelos y extrae las semillas con unas pinzas.

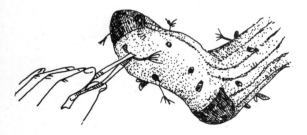

3. Clasifícalas por su tamaño, forma o color. ¿De cuántos tipos has conseguido recoger? ¿Cuál es la semilla más común en la colección?

4. También puedes repetir esta actividad en un bosque o en el jardín de tu casa y comparar la cantidad y variedad de semillas recogidas.

5. Para exhibir la colección, pega las semillas por grupos en un papel grueso. Podrías clasificarlas por las que hayas recogido en el jardín, en el parque, el campo o el bosque, o bien por su forma, tamaño o color. Etiqueta cada grupo de semillas, haciendo constar dónde y cuando las encontraste.

6. Tal vez quieras conservar algunas de tus semillas en tarros de cristal durante el invierno y plantarlas en la primavera siguiente para ver cómo crecen las plantas y de qué especie son. Guárdalas en un lugar fresco, sin calefacción, o en el frigorífico, para recrear el frío natural al que están sometidas en invierno al aire libre.

Esporas

Al igual que las setas, los helechos se reproducen a través de microscópicas esporas. Cuando la planta tiene entre tres y siete años, las esporas forman diminutos «estuches», a menudo en el dorso de las hojas. Cuando están maduras, el estuche se rompe, liberando una infinidad de esporas semejantes al polvo que se esparcen gracias a la acción del viento. Un solo helecho puede producir hasta 50 millones de esporas en una temporada, y algunas de ellas pueden cubrir una distancia de hasta 15.000 km.

Puedes buscar esporas en diferentes especies de helechos. El color, forma y ubicación de sus estuches son claves muy importantes para la identificación de cada especie de helecho.

Material necesario
diferentes helechos
lupa
guía de campo de helechos

1. A menudo, los estuches de las esporas están dispuestos formando minúsculos amasijos parecidos a puntitos. Utiliza la lupa para observarlos en el dorso de las hojas de los helechos. ¿De qué color son? Deberían ser amarillos, anaranjados o amarronados.

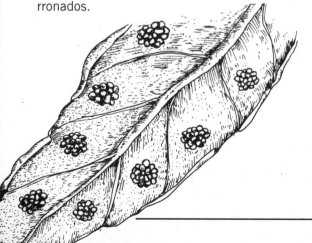

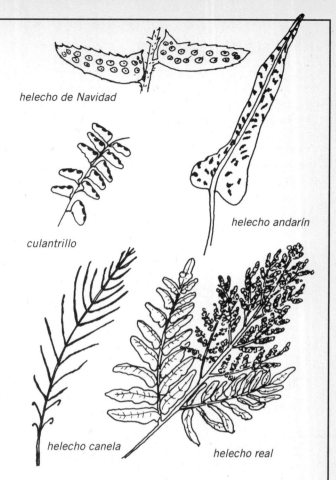

helecho de Navidad

culantrillo

helecho andarín

helecho canela

helecho real

2. Fíjate en cómo están situados. En algunos helechos forman un diseño en hilera a lo largo de la hoja (helecho de Navidad), mientras que en otros están ubicados a lo largo del borde (culantrillo). Asimismo, el hecho andarín presenta los puntitos dispersos casualmente por toda la hoja.
3. Si no encuentras los puntitos (estuches) en las hojas, es posible que hayan crecido en alguna parte especial de las mismas (osmunda o helecho real) o incluso en los tallos (helecho canela o helecho avestruz).

Un «paseo» por los árboles

La naturaleza es como un enorme tronco repleto de interesantes tesoros. Puedes empezar observando algo en particular y, sin darte cuenta, haber pasado horas y horas examinando todos los demás detalles del tronco. ¡Incluso podrías olvidar lo que habías observado de un buen principio! Cuando te dedicas a observar la corteza o las hojas de un árbol puedes acabar descubriendo cosas apasionantes acerca de los insectos, arañas, pájaros y otros animales que viven en él. Para examinarlo más detenidamente, nada mejor que dar un «paseo» por los árboles.

Material necesario
lupa
desplantador (llana)

1. Explora el árbol empezando desde el suelo, utilizando el desplantador para excavar cuidadosamente alrededor de su base y echando un vistazo a las raíces superficiales del árbol. Asimismo, con un poco de suerte, podrías encontrar algunos insectos que se alimentan de las raíces, tales como las ninfas cicada. La corteza suelta cerca de la base del árbol también es un buen escondrijo para las arañas y capullos.

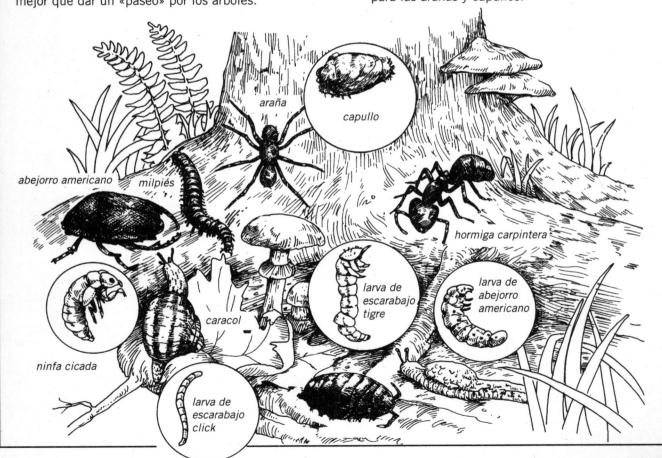

araña

capullo

abejorro americano

milpiés

hormiga carpintera

ninfa cicada

caracol

larva de escarabajo tigre

larva de abejorro americano

larva de escarabajo click

26

2. Rastrea las hendiduras de la corteza en busca de insectos y otros invertebrados. Algunas arañas construyen telarañas en forma de tubo en la corteza, mientras que los escarabajos grabadores y las termitas practican orificios de entrada. Y hablando de orificios, busca signos de la presencia de pájaros carpinteros y libasavias. También puedes encontrar musgos y líquenes en la corteza.

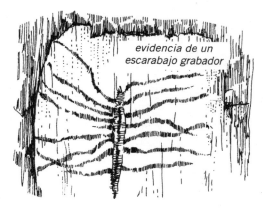

evidencia de un escarabajo grabador

3. Las hojas constituyen el hogar de toda clase de criaturas. Examina las excrecencias formadas por los hongos y los insectos que se acomodan en las agallas. Por su parte, unos diminutos túneles a lo largo de una hoja son señales irrefutables de la presencia de insectos mineros. Desenrolla cualquier hoja en forma de cigarrillo para ver si los jóvenes insectos aún están en su interior.

4. Mira hacia arriba. ¿Hay nidos en las ramas? También podrías descubrir «almacenes» de comida que han construido las ardillas o los pájaros en las hendiduras de la confluencia de varias ramas.

5. Dependiendo de la época del año, podrías observar las bayas, flores o piñas de los árboles.

La edad de los árboles

Si crecieras como lo hacen los árboles, cuanto más envejecieras, más gordo estarías. El tronco de un árbol crece en anchura cada año, formando una fina capa microscópica llamada *cambium*, que produce células floemas debajo de la corteza, las cuales se encargan de transportar el alimento arriba y abajo del árbol hasta que mueren y pasan a formar parte de aquélla. En el interior del árbol, el *cambium* se divide en células xilemas que bombean el agua y los minerales hasta las hojas, almacenan alimentos y confieren soporte al árbol. En primavera (estación húmeda), las condiciones de crecimiento suelen ser óptimas, generándose células de gran tamaño que forman anillos anchos y pálidos de madera relativamente blanda, mientras que en verano (estación seca), se producen células más gruesas aunque más pequeñas que crean un anillo de madera más dura. La combinación de un anillo pálido y otro oscuro representa un año de crecimiento.

Cuando se tala un árbol, se pueden observar claramente los anillos. Empezando por el centro y contando cada par de anillos pálidos y oscuros se puede conocer la edad del árbol. ¿Cuál sería la del que se ilustra a continuación? Encontrarás la respuesta en la página 92.

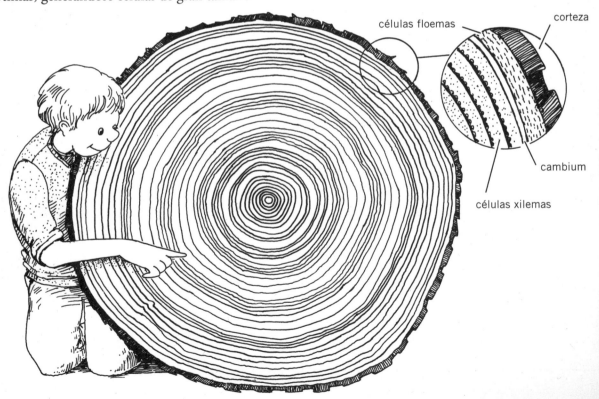

células floemas

corteza

cambium

células xilemas

Diario de un árbol

Examinando los anillos de un árbol se puede saber mucho más que simplemente su edad. En efecto, también se puede adivinar el tipo de vida que ha tenido.

Dependiendo de la anchura del anillo, se puede saber si ha sido un buen año o un mal año de crecimiento. Por ejemplo, un anillo muy estrecho y de color pálido puede indicar que el árbol sufrió una fuerte sequía o una escasa insolación a raíz de la excesiva sombra procedente de otros árboles. Asimismo, las cicatrices de los incendios también quedan impresas indeleblemente en forma de áreas chamuscadas, así

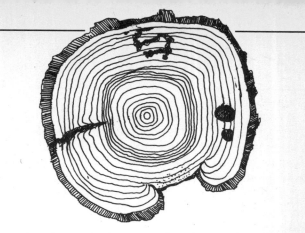

como los signos de daños producidos por los insectos o las enfermedades. Así pues, es como leer el diario de los sucesos pasados de un árbol.

Ramas

En lugar de observar el interior del tronco de un pino para calcular su edad, también lo puedes hacer desde el exterior. Cada año, el pino añade un nuevo círculo de ramas alrededor del tronco. En consecuencia, se puede contar el número de círculos para saber qué edad tiene. ¿Cuántos años dirías que tiene éste? Busca la respuesta en la página 92 para saber si has acertado.

29

Altura de los árboles

Los árboles son los seres vivos más altos de nuestro planeta, y en especial, la secuoya de California es la especie botánica más alta que existe, con un récord de más de sesenta y tres veces la altura de una persona. Si quieres saber cuál es la altura de los árboles de tu vecindario, recaba la ayuda de un amigo y prueba con estos dos simples métodos de cálculo.

Cálculo visual

Material necesario
un amigo
regla
lápiz
papel

1. Sitúate frente al árbol que deseas medir y coloca el brazo extendido hacia delante, de manera que el puño quede a la altura de los ojos. Pide a un amigo que mida y anote la distancia entre tus ojos y el puño (distancia 1 en el diagrama).
2. Sostén una regla en posición vertical, de tal modo que la distancia desde la mano hasta el extremo superior de la regla sea igual a la distancia 1 (distancia 2 en el diagrama; distancia 1 = distancia 2).
3. Manteniendo siempre el brazo extendido y el puño al nivel de los ojos, camina hacia atrás desde el árbol y detente cuando la base del mismo esté alineada con el extremo superior del puño y la rama más alta coincida con el extremo superior de la regla.
4. Pide a tu amigo que mida la distancia que media entre tu posición y el tronco del árbol (distancia 3 en el diagrama, igual a la altura del árbol).

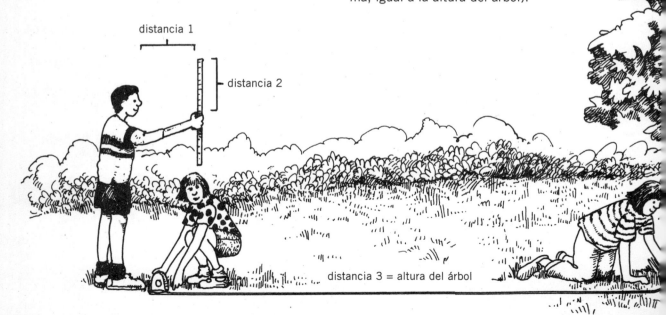

distancia 1

distancia 2

distancia 3 = altura del árbol

Proyección de la sombra

Material necesario
regla o cinta métrica
lápiz
papel
un amigo

1. En un día soleado, busca un árbol en un espacio abierto donde su sombra sea visible en el suelo.
2. Mide y anota la altura de tu amigo.
3. Dile a tu amigo que se sitúe cerca del árbol, de manera que su propia sombra se proyecte paralela junto a la del árbol. Mide y anota la longitud de la sombra de tu amigo y de la del árbol, asegurándote de que todas las medidas se realicen en las mismas unidades (por ejemplo, todo en metros o centímetros).

4. Calcula la altura del árbol aplicando la fórmula siguiente:

$$\text{altura del árbol} = \frac{\text{longitud de la sombra del árbol} \times \text{altura de tu amigo}}{\text{longitud de la sombra de tu amigo}}$$

Analiza el ejemplo que se incluye a continuación para comprobar que estás realizando correctamente los cálculos.

$$\text{altura del árbol} = \frac{\text{sombra del árbol (20 m)} \times \text{altura de tu amigo (1,5 m)}}{\text{sombra de tu amigo (3 m)}}$$

$$\text{altura del árbol} = \frac{30 \text{ m}}{3 \text{ m}}$$

$$\text{altura del árbol} = 10 \text{ m}$$

El observador de pájaros principiante

Si te pidieran que te describieras a ti mismo, podrías decir: «bajito, pelo castaño, ojos azules, con pecas y con los pies grandes». Esta descripción ayudaría a un desconocido a identificarte. Pues bien, los observadores de pájaros también recurren a las descripciones físicas para identificarlos.

Nombre

Tal vez te seduzca la idea de ser capaz de ver un pájaro y saber su nombre. Lo cierto es que cuantos más observes, más nombres aprenderás y recordarás. Sin embargo, conocer el nombre de un pájaro no es lo más importante en la observación de los pájaros, sino que existen otros muchos factores que permiten identificarlo, tales como el tipo de hábitat en el que vive, lo que come, qué aspecto tiene y cómo se comporta. Así, por ejemplo, si ves un pájaro e identificas sus hábitos insectívoros de alimentación porque tiene un pico estrecho y puntiagudo, estarás en el buen camino para convertirte en un auténtico observador de pájaros.

Cuando veas un pájaro...

- Intenta calcular su **tamaño**. ¿Se parece a un gorrión, a un petirrojo o quizá a un cuervo?

Petirrojo

Cuervo

Gorrión

- Describe su **forma**. ¿Es regordete como un petirrojo o más delgadito?

Sinsonte

Petirrojo

- En ocasiones, las diferentes **partes del cuerpo** permiten identificarlo muy fácilmente. Formúlate las siguientes preguntas:
  —¿Tiene una cresta en la cabeza?
  —Sus patas, ¿son largas o cortas?
  —¿Tiene la cola en forma de horquilla, cuadrada o puntiaguda?

Paloma

Carrizo

Golondrina

—¿Tiene el pico grueso, pequeño y puntiagudo o muy largo y en forma de daga?

□ Algunos pájaros tienen una **coloración o marcas especiales** que facilitan su identificación. Fíjate en si tiene rayas en los ojos, manchitas o listas en el pecho, rayas en la cola y áreas coloreadas.

Garza azul

Picogordo azul

Curruca

Curruca encapuchada

Trupial alaudino

Lugano (jilguero americano)

□ Su forma de **moverse** puede constituir una clave importante para su identificación. Por ejemplo, el vuelo sinuoso del lugano (jilguero americano) permite reconocerlo a distancia. Fíjate en dónde se halla y en lo que hace:

—En el agua (¿está posado en su superficie o se sumerge?)

—En el aire (¿vuela en línea recta o arriba y abajo?, ¿desciende en picado, describe círculos, planea o se sostiene en el aire?)

—En el suelo (¿salta, camina o se menea de un lado a otro?)

—En un árbol (¿trepa por el tronco, desciende con la cabeza por delante o sube en espiral?)

□ Su **ubicación** también te puede ayudar a identificarlo. Por ejemplo, es muy improbable encontrar un pato real en un bosque o una garza azul en un prado seco. Lo lógico es que vivan en un lago. Además del hábitat, el país, región o provincia también es importante. Todos los pájaros suelen vivir en un radio determinado en el que es posible encontrarlos. En algunas especies, este radio es enorme (casi toda América del Norte), mientras que en otras es más reducido. Si crees haber identificado un pájaro, consulta un mapa de territorios en una guía de campo para asegurarte de que realmente vive allí.

Trupial de Baltimore y su distribución

Mira a tu alrededor

Lo puedes oír, pero no lo puedes ver. ¿Te resulta familiar? Algunos pájaros se ocultan con tanta habilidad que hace falta muchísima paciencia para descubrirlos. No olvides mirar en las ramas de los árboles, en los troncos, copas, troncos caídos, rocas, en el suelo, en los tallos de las plantas o entre la hierba en el campo o el jardín, en la costa o entre la vegetación de las marismas y setos. Prueba «siseando», que es el ruidito que haces cuando murmuras algo a un amigo (*psst*) y que puede atraer al pajarillo.

Pssssst

Cuando observes los pájaros, visita cuantos hábitats sea posible (prado, bosque, marisma, lago, océano, acantilado, desierto o playa).

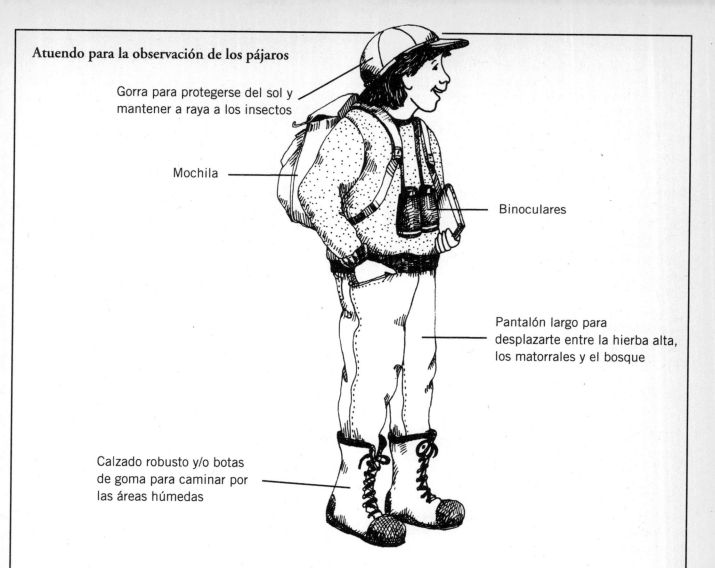

Atuendo para la observación de los pájaros

Gorra para protegerse del sol y mantener a raya a los insectos

Mochila

Binoculares

Pantalón largo para desplazarte entre la hierba alta, los matorrales y el bosque

Calzado robusto y/o botas de goma para caminar por las áreas húmedas

Lo que debes llevar

No necesitas muchas cosas, aunque las que se relacionan a continuación facilitarán tu labor.

- almuerzo o tentempiés
- comida para pájaros (los páridos, por ejemplo, suelen comer de la mano)
- guía de campo para identificar los pájaros
- lista de pájaros por provincias, regiones o parques naturales
- lápiz
- repelente contra los insectos (dependiendo de la época del año).

Observación de nidos

Los nidos son como los pájaros que los construyen. Sus formas y tamaños son muy diversos. Por ejemplo, el nido más grande que se puede encontrar en América del Norte pertenecía al águila calva de Florida, que tenía un peso equivalente al de dos automóviles y era más grande que una bañera, mientras que en el otro extremo, se sitúa el diminuto nido del colibrí de cuello de rubí, más pequeño que una huevera.

¿De qué están formados los nidos? Entre los materiales más comunes figuran las ramas, musgos, líquenes, hierba, plumas, corteza de árbol, paja y raicillas, aunque algunos pájaros, tales como los colibríes, algunas currucas, sastrecitos y perlitas comunes incluso se apoderan de parte de la seda de las telarañas y la utilizan para reforzar sus nidos.

Nido de tejedor

Es fascinante ver cómo construye su nido un pajarillo. Algunos de ellos trabajan con un extraordinario cuidado; otros se limitan a acumular materiales al azar. A menudo, es la hembra la que se encarga de construir el nido, aunque en ocasiones el macho le ayuda en esta tarea. Un espectacular ejemplo de técnica de construcción de nidos la encontramos en los tejedores de África, India y Australia, que tejen literalmente la hierba para formar un nido en forma de cestita al igual que lo harías tú si confeccionaras una cesta de mimbre. ¿Acaso los an-

Tamaño real de un nido de colibrí

Nido de águila

tiguos pobladores de nuestro planeta aprendieron esta técnica observando a los tejedores?

¡Ten cuidado!

Puedes aprender muchísimas cosas acerca de los pájaros observando cómo construyen su nido y cómo cuidan de sus huevos. Una de las primeras que debes tener en cuenta es la de ser extremadamente cuidadoso.

Hay que actuar con suma delicadeza para no molestar a los polluelos, ya que los padres, asustados por la proximidad del observador, podrían abandonar el nido y dejarlos morir de hambre. Algunos padres se enojan mucho si alguien se aproxima demasiado a su nido y atacan al intruso. En determinados lugares se han colocado carteles de «CUIDADO CON LOS PÁJAROS» para que la gente se mantenga alejada de los nidos. Observarlos con un buen camuflaje constituye una excelente forma de no perturbar la vida cotidiana de los padres y de las crías. En la página 40 encontrarás diferentes maneras de construir uno. Si eres cuidadoso, tendrás la oportunidad de observarlos durante toda la temporada de cría y ver cómo crecen, aprenden a volar y abandonan el nido por sus propios medios.

Anota

Para poder comparar el tipo de vida familiar de distintas especies y recordar algunos detalles de las horas que has pasado observando los nidos, es aconsejable llevar un diario de las observaciones, describiendo las actividades que se desarrollan en el nido. Puedes tomar nota de los hábitos alimenticios, rutinas diarias, cambios en el aspecto de los polluelos y otras muchas características interesantes. Si dispones de una cámara, unas cuantas fotografías del nido y de las sucesivas etapas de crecimiento de las crías ilustrarán a la perfección tu diario.

Una afición para todo el año

Cuando finaliza la temporada de cría, puedes dedicarte a buscar nidos, que resultan especialmente fáciles de descubrir si vives en un área en la que los árboles pierden la hoja en otoño. Un nido abandonado te puede dar la oportunidad de observar detenidamente su construcción. Asimismo, si utilizas una guía de campo especializada en nidos de pájaros, podrás identificar a sus propietarios. Aun cuando hayan sido abandonados definitivamente, no deberías cogerlos. A veces, otras especies los emplean a modo de refugio en la estación fría. En algunos casos, los nidos se reutilizan por sus propietarios durante años o bien constituyen el emplazamiento de cría de otra especie al año siguiente.

Tipos de nidos

Veamos algunos nidos con los que podrías iniciar tu afición por la observación de los pájaros.

Albañilería

La golondrina de los acantilados construye un curioso nido en forma de jícara con una entrada estrecha que conduce a una cámara más espaciosa. A falta de acantilados, el nido se construye debajo del alero de los graneros o de otras edificaciones. En el caso de un granero, utilizan los materiales del entorno, tales como paja, fango e incluso pelo de caballo.

Nido, dulce nido

El águila pescadora o pigargo construye un gran nido en forma de copa con ramitas y restos de madera, y lo forra con hierba, algas o plumas. Aunque suele construirlo en las copas de los árboles, cerca del agua, también lo hace en edificios. Suele utilizar el mismo nido, que renueva y agranda año tras año.

Nido subterráneo

El macho y la hembra del martín pescador merece una medalla por la ingeniería de sus nidos. Excavan una madriguera larga como un remo de canoa en el terraplén de un río o estanque, y pone los huevos en la base de una cámara circular situada en el fondo de la galería. A medida que alimentan a sus crías, las espinas de los peces se van amontonando en el suelo, proporcionándoles un colchón.

Entrada secreta

El carrizo de las marismas teje hierba y tallos de juncos formando un nido en forma de esfera, y lo forra con hierbas más finas, totoras y plumas. El nido dispone de una ingeniosa entrada que permite ocultar los huevos y los polluelos de los depredadores que pasan volando sobre él. Aunque los huevos se ponen en un solo nido, los carrizos de las marismas construyen varios nidos para confundir a sus enemigos.

Nidos en los árboles

El pájaro carpintero excava una cavidad en forma de jícara en los árboles (arces o manzanos). Ni siquiera se molesta en construir un nido en la cavidad, sino que simplemente la forra de astillas.

El observador invisible

Los mejores observadores de pájaros son los más quietos, silenciosos y ocultos. Al igual que otros animales, los pájaros se asustan con facilidad, sobre todo durante la temporada de cría. Para evitar problemas conviene hacerse «invisible» ¡o casi! Construir un observatorio camuflado y vestirse adecuadamente para confundirse con el paisaje constituye la mejor manera de permanecer oculto a los ojos de los pájaros.

Observatorios camuflados

Los observatorios camuflados son pequeños recintos que te ocultan del animal que estás observando. A menudo, los fotógrafos los utilizan para sacar instantáneas de la vida salvaje en su hábitat natural sin perturbar su devenir cotidiano. Existen muchos tipos diferentes de observatorios camuflados. Algunos se construyen en tierra, otros flotan en el agua y otros están situados en la copa de los árboles. Se pueden construir con materiales naturales, tales como gruesas matas de aneas o totoras y plantadas en el fango en las inmediaciones de una marisma, o bien cubriendo un armazón con lona. Los sencillos observatorios que te presentamos en esta sección te permitirán ver los pájaros más de cerca.

Visita un área algunos días antes de montar el observatorio con el fin de buscar el mejor emplazamiento y la mejor hora del día para utilizarlo. Aunque seas «invisible», es posible que la fauna no aparezca de inmediato. Ármate de paciencia. Procura que el observatorio sea lo bastante grande como para poder sentarte cómodamente. Además de los binoculares, una guía de campo y un bloc para tus anotaciones, llévate algo para pasar el tiempo (comida, libro, puzzle, etc.). El tiempo y el esfuerzo invertidos se verán recompensados cuando por fin tengas la oportunidad de examinar la vida natural en primer plano, observarla en su hogar y descubrir algunos de los fascinantes secretos de su existencia.

> **Observatorio camuflado**
> *No hace falta edificar un «monumento» para observar los pájaros y pasar inadvertido. Procura utilizar el color verde y el marrón para camuflarte con el entorno. Ponte un sombrero, una camiseta de manga larga y pantalón largo. De este modo, no sólo no asustarás a los pájaros, sino que también te protegerás de la picadura de los insectos.*

Observatorio-paraguas

Tanto si llueve como si luce el sol, puedes utilizar este observatorio plegable en cualquier lugar.

Material necesario
martillo
listón de madera o tubo hueco de aluminio
paraguas de un color oscuro
60 cm de alambre flexible
imperdibles
lona, a ser posible marrón o verde
piedras pesadas
tijeras

1. Clava en el suelo, con la ayuda de un martillo, el listón o el tubo de aluminio, de manera que quede situado en el centro del observatorio.
2. Sujeta con alambre el mango de un paraguas al tubo.
3. Sujeta la lona al paraguas con imperdibles, de tal modo que cuelgue hasta el suelo, creando un recinto parecido a una tienda de campaña.
4. Sujeta los bordes de la lona al suelo con piedras de gran tamaño.
5. Recorta unos cuantos orificios a la altura de los ojos alrededor de todo el observatorio para poder mirar en todas direcciones.

Observatorio vegetal

«Cultiva» tu propio observatorio y ocúltate de los pájaros al tiempo que añades un toque de belleza floral al jardín.

Material necesario
1,2 m de cáñamo
4 postes, varas o listones de 1,5-1,8 m de altura
pala
semillas de habichuelas o dondiego de día (campanillas)
cuerda
ramas de pino (opcional)

1. Anuda los postes con cáñamo o con una cuerda formando una tienda india.
2. Cava una estrecha franja de tierra alrededor de la base del observatorio para la siembra.
3. Planta las semillas de dondiego de día o de habichuelas alrededor de tres lados del observatorio, siguiendo siempre las indicaciones del paquete.
4. Cuando crezcan, átalas con cuerda al armazón para que se enreden a su alrededor. No sólo disfrutarás de unas hermosísimas flores, sino que también atraerán a los colibríes y mariposas, lo cual te permitirá observarlos en un primerísimo plano.
5. Si vives en un área donde no es posible plantar enredaderas, ata unas cuantas ramas de pino a los postes del armazón.

Fotografías

¿Por qué no combinar dos magníficos hobbies: la observación de los pájaros y la fotografía? De este modo puedes registrar tus «capturas» ornitológicas en película y guardarlas para siempre, perpetuando su recuerdo. Aunque los profesionales utilizan equipos caros y muy complejos, con el tiempo te acostumbrarás a hacer auténticas maravillas con una simple cámara.

Consejos útiles

Muchas de las técnicas de observación de pájaros se pueden aplicar a la fotografía. Así, por ejemplo, permanecer quieto, en silencio y bien oculto es muy importante para que el animalito se acerque lo suficiente como para sacar una buena instantánea. Puedes esconderte detrás de arbustos o rocas, o bien construir un observatorio camuflado (véase p. 40), el cual resulta especialmente útil para fotografiar nidos sin molestar a sus ocupantes. Incluso puedes hacer fotografías desde una ventana abierta de tu casa. Si usas una cámara Polaroid, recuerda que el objetivo debe estar a escasos metros para conseguir una buena toma. Experimenta con algunas fotos para hacerte una idea de cuál es la mejor distancia.

Emplazamiento

Los jardines y los parques son buenos lugares para desarrollar tu destreza fotográfica. Elige un área con un hermoso fondo. Por ejemplo, unos arbustos repletos de bayas o un parterre de flores quedará mucho más decorativo que un tendedero, una calzada o cualquier otro elemento no natural. Cuando hayas elegido el emplazamiento, atrae a los pájaros con comida para aves o una pequeña bañera hinchable llena de agua, y si utilizas un observatorio camuflado, colócalo de manera que puedas disfrutar de una buena vista del lugar en el que podrían aterrizar.

¡Fotografíalo!

Una foto de un pájaro siempre puede mostrar algo de su aspecto o comportamiento, pero una secuencia de fotos pueden contar toda una historia. Si observas un nido durante varios días o semanas, fotografíalo a menudo. Una vez reveladas, las fotos formarán una sucesión de imágenes desde el huevo hasta el primer vuelo.

También podrías centrarte en una especie de pájaros, como por ejemplo el gorrión. Fotografíalos haciendo diferentes cosas, tales como posados en una rama, caminando, volando, buscando lombrices, comiendo frutos o bañándose. Ordena las instantáneas y dispondrás de un registro completo de su vida.

Luz

La luz es una parte fundamental en la fotografía. Si utilizas una cámara sencilla, asegúrate de que el objetivo está bien iluminado, pero no apuntes hacia el sol. Procura conseguir un cierto contraste para que resalte el pájaro. Por ejemplo, si es de color oscuro, se distinguirá mucho mejor sobre un fondo pálido como la nieve o el cielo que sobre el tronco de un árbol o el suelo del bosque.

Esbozo de pájaros

Si quieres dar un paso más allá en la observación de pájaros, esbózalos. Dado que suelen moverse constantemente cuando están en libertad, o permanecen bien ocultos, esta actividad puede resultar difícil a un principiante. Para empezar, usa fotografías de revistas de aves o visita un museo y esboza los pájaros disecados que se exhiben. Cuando domines las técnicas básicas del esbozo, puedes probar al natural.

Material necesario
lápiz de mina blanda: B, 2B, 3B (nº 2)
   o más blanda
bloc de papel
superficie rígida a modo de tablero para apoyar
   el bloc
fotos o dibujos de pájaros de revistas (opcional)

Forma
Fíjate en la silueta básica del pájaro que se ilustra en esta sección. ¿Te recuerdan algunas formas conocidas ciertas partes de su cuerpo? Todos los pájaros tienen el cuerpo ovalado, y es todo lo demás (cabeza, cuello, patas, cola y plumas) lo que los diferencia. Empieza dibujando la forma más grande y más simple: el cuerpo.

Medidas
Antes de empezar a dibujar las restantes partes del cuerpo, observa el tamaño de la cabeza, patas, cola, etc. en relación con el cuerpo. Por ejemplo, la cabeza de un búho es grande comparada con su cuerpo, pero la de la avestruz es muy pequeña. Compara también la longitud de las distintas partes del cuerpo. Como comprobarás, el cuello de la avestruz es muy largo, mientras que el búho da la sensación de carecer del mismo.

El pico de cada pájaro tiene su propio tamaño y forma. Compáralos con el resto de la cabeza. Si te fijas, verás que el pico de un loro es tan ancho como su cabeza. Por otro lado, el de un pinzón azul tiene un tamaño casi idéntico al de su ojo. ¿Dónde se une el pico al óvalo de la cabeza? ¿Apunta hacia arriba o hacia abajo? Examina estos detalles antes de dibujarlo.

Alineación

Veamos un truco muy útil para alinear o situar las diferentes partes del cuerpo de un pájaro en el esbozo. Sostén el lápiz en posición vertical con el brazo extendido frente al pajarillo. Cierra un ojo y mira hacia arriba y hacia abajo del lápiz, fijándote en la ubicación de cada parte del cuerpo respecto a este eje imaginario que forma el lápiz. El gorrión que se ilustra a continuación tiene la cabeza y las patas estiradas hacia la izquierda del lápiz, mientras que las alas y la cola quedan a la derecha. Prueba también a sostenerlo horizontalmente; verás que la cabeza está alineada con un ala.

Acabado

Dale vida al esbozo añadiendo algunos detalles. Fíjate en la dirección de la luz y en la proyección de las sombras. Por último, rellena algunas áreas oscuras y perfila detenidamente sus marcas.

Alineación

Veamos un truco muy útil para alinear o situar las diferentes partes del cuerpo de un pájaro en el esbozo. Sostén el lápiz en posición vertical con el brazo extendido frente al pajarillo. Cierra un ojo y mira hacia arriba y hacia abajo del lápiz, fijándote en la ubicación de cada parte del cuerpo respecto a este eje imaginario que forma el lápiz. El gorrión que se ilustra a continuación tiene la cabeza y las patas estiradas hacia la izquierda del lápiz, mientras que las alas y la cola quedan a la derecha. Prueba también a sostenerlo horizontalmente; verás que la cabeza está alineada con un ala.

Acabado

Dale vida al esbozo añadiendo algunos detalles. Fíjate en la dirección de la luz y en la proyección de las sombras. Por último, rellena algunas áreas oscuras y perfila detenidamente sus marcas.

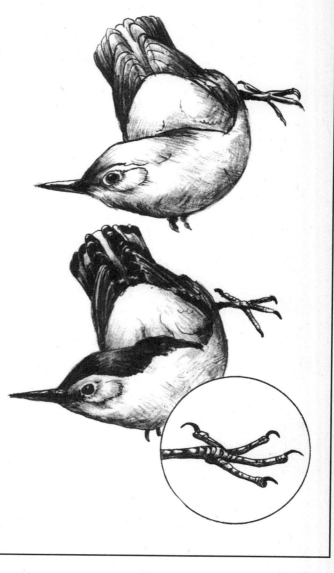

La naturaleza en invierno

Cuando se trata de sobrevivir a la nieve y el frío, te asombraría comprobar hasta qué punto se parecen el ser humano y los pájaros. Construye un sencillo comedero para pájaros este invierno para atraerlos a tu jardín y poder así observarlos con detalle. Asimismo, busca insectos activos durante el invierno y otros que hibernen. Incluso las flores primaverales no están demasiado lejos; escarba un poco en la nieve para echar un vistazo a los primeros signos de una nueva y prometedora estación. Este invierno añade un capítulo destinado a la observación de la naturaleza a tu lista de actividades al aire libre.

Observación de insectos en invierno

¿Has ido alguna vez de camping en verano? ¿Te has dormido bajo el eterno zumbido de los mosquitos y te has despertado por la mañana lleno de picaduras? Si los insectos pueden contigo, prueba a acampar en invierno. Tal vez haga más frío, pero por lo menos la mayoría de los insectos se habrán marchado. ¿O aún no?

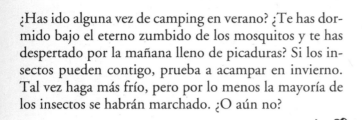

¿Nieve cubierta de hollín?

Si ves que la nieve alrededor de la base de un árbol está cubierta de algo parecido al hollín, examínalo detenidamente. Es probable que las manchitas negras sean insectos conocidos como moscas de la nieve. Una «cola» ahorquillada y doblada debajo del abdomen actúa a modo de resorte que impulsa al insecto por la nieve. Las moscas de la nieve se reúnen en grandes cantidades, especialmente en los días cálidos, y se alimentan de polen, esporas y hongos.

abeja de la miel

mosca de la nieve

Supervivientes

A diferencia de muchas abejas y avispas, que mueren cuando llega el frío, las abejas de la miel se muestran activas durante todo el invierno. En otoño, las obreras recolectan una secreción pegajosa de las bayas de los árboles y la utilizan para sellar las grietas en la colmena, algo parecido a lo que solemos hacer en casa cuando sellamos las puertas y ventanas con burlete para que no se escape el calor. Cuando desciende la temperatura, un grupo de abejas se reúne en el centro de la colmena, moviendo constantemente el cuerpo y las alas para generar calor, mientras que otras forman un anillo alrededor de aquel grupo central para mantenerlo. La temperatura interior nunca desciende por debajo de 14 ºC, incluso cuando el frío arrecia. Cuando las «agita-alas» se fatigan, las que forman el anillo ocupan su lugar. En los días invernales algo más cálidos, las abejas de la miel aprovechan para salir al exterior y volar en busca de alimento.

En el agua

A menudo, las corrientes de agua rápidas y poco profundas no se hielan en invierno. Esto permite a las ninfas de *stonefly* (mosca) salir a la superficie y metamorfosearse en insectos adultos. Busca en las piedras, puentes o troncos de árbol de las inmediaciones y es muy posible que los descubras. En los días más cálidos incluso podrías divisarlos volando sobre el agua.

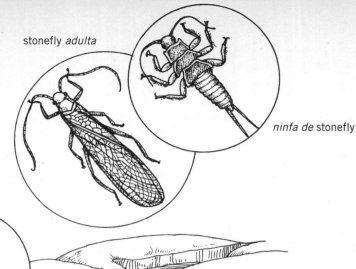

stonefly *adulta*

ninfa de stonefly

remero

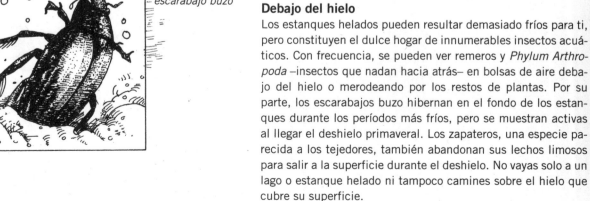

escarabajo buzo

Debajo del hielo

Los estanques helados pueden resultar demasiado fríos para ti, pero constituyen el dulce hogar de innumerables insectos acuáticos. Con frecuencia, se pueden ver remeros y *Phylum Arthropoda* –insectos que nadan hacia atrás– en bolsas de aire debajo del hielo o merodeando por los restos de plantas. Por su parte, los escarabajos buzo hibernan en el fondo de los estanques durante los períodos más fríos, pero se muestran activas al llegar el deshielo primaveral. Los zapateros, una especie parecida a los tejedores, también abandonan sus lechos limosos para salir a la superficie durante el deshielo. No vayas solo a un lago o estanque helado ni tampoco camines sobre el hielo que cubre su superficie.

Camuflaje invernal

Algunos insectos pasan el invierno en forma de huevo, mientras que otros lo hacen en forma de larva, pupa o incluso adultos. Lo cierto es que cada etapa de la metamorfosis tiene sus propias ventajas para la supervivencia invernal.

Los huevos resisten el frío a la perfección. Algunos huevos de mosquito incluso están adaptados a la incubación en el agua que queda al fundirse la nieve.

Las larvas que están bien ocultas y que disponen del suficiente alimento, como en el caso de las que habitan en agallas, pueden nutrirse y crecer durante todo el invierno.

Las pupas, al igual que los capullos de las polillas y mariposas de la luz, no se alimentan durante el invierno, sino que esperan a convertirse en adultas en primavera.

El capullo hermético protege al insecto de las inclemencias del tiempo y de los depredadores hambrientos.

Las mariposas capote del luto y otros insectos hibernan en forma de adultos, lo que les permite aparearse y formar una familia a principios de primavera.

Dónde buscar

En invierno, puedes encontrar insectos hibernando casi en cualquier parte. Algunos pasan la estación fría bajo el suelo; otros se ocultan debajo de las piedras, rocas, troncos podridos, corteza de árbol, hojas y estructuras tales como porches o cobertizos. Por último, algunos insectos más comodones intentan colarse en tu casa para disfrutar de un apacible y cálido invierno.

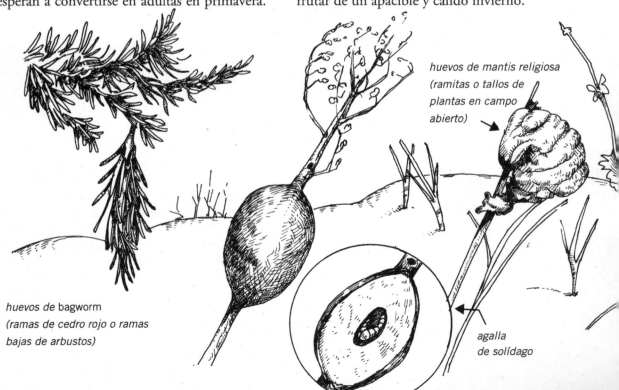

huevos de mantis religiosa (ramitas o tallos de plantas en campo abierto)

huevos de bagworm *(ramas de cedro rojo o ramas bajas de arbustos)*

agalla de solídago

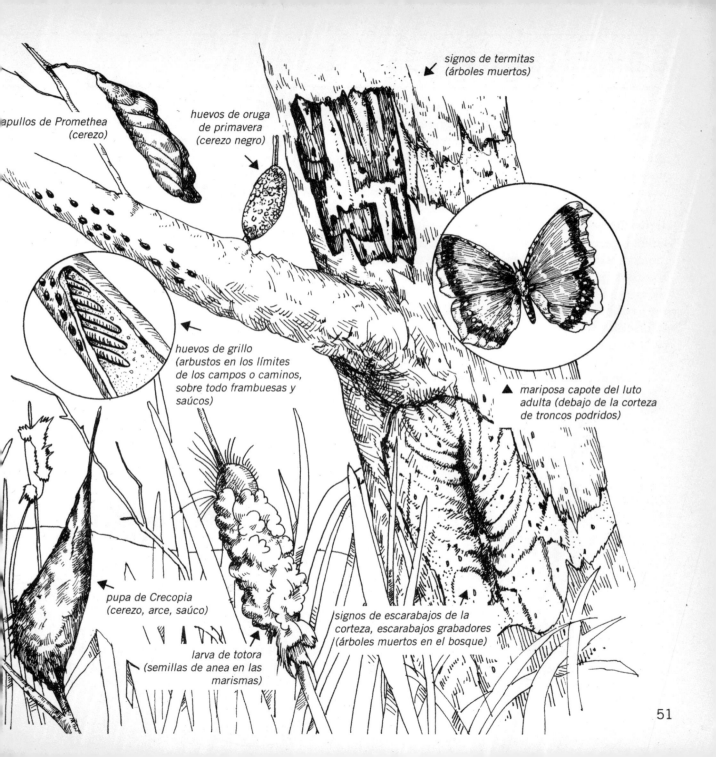

signos de termitas
(árboles muertos)

apullos de Promethea
(cerezo)

huevos de oruga
de primavera
(cerezo negro)

huevos de grillo
(arbustos en los límites
de los campos o caminos,
sobre todo frambuesas y
saúcos)

mariposa capote del luto
adulta (debajo de la corteza
de troncos podridos)

pupa de Crecopia
(cerezo, arce, saúco)

larva de totora
(semillas de anea en las
marismas)

signos de escarabajos de la
corteza, escarabajos grabadores
(árboles muertos en el bosque)

51

Abejas y avispas laboriosas

Es muy probable que no te apetezca en lo más mínimo que te pique una avispa, pero a decir verdad, no hay nada más fascinante que una colmena. En América del Norte existen más de 3.300 especies de abejas y avispas, de manera que no te resultará excesivamente difícil localizar un panal. ¿Te preocupa la posibilidad de molestar a una abeja mientras se ocupa de sus quehaceres cotidianos? ¡Tranquilo! Espera hasta el invierno, cuando la mayoría de los moradores de las colmenas han perecido a causa del frío. Incluso si el panal está activo, con abejas o avispas entrando y saliendo constantemente de él, puedes mantener una distancia de seguridad y aun así identificarlas por la forma de la colmena. En esta sección encontrarás una pequeña guía de algunos de los panales más comunes. Veamos si eres capaz de emparejarlos con los insectos que se ilustran a continuación (la respuesta en p. 92).

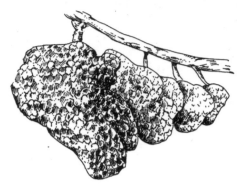

Estructuras de cera

Centenares de nosotras nos dedicamos a confeccio celdas hexagonales de cera de abeja y pegamos miles celdillas para construir los panales. Los encontrarás los árboles huecos y hendiduras de las rocas, aun también puedes verlos colgando de la rama de un ár ¿Quién soy?

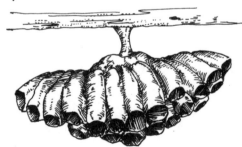

Colmenas de papel

He elaborado pulpa y papel desde mucho antes que humanos. Masticando las fibras leñosas de la madera descomposición o tallos de plantas, y mezclándolas c saliva, elaboro un material parecido a la pulpa. Mis c menas disponen de una sola capa de celdillas abiertas p un extremo que cuando están secas se asemejan al pa mâché. Cuelgan de los aleros y porches. ¿Quién soy?

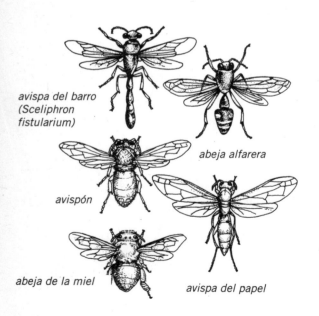

avispa del barro (Sceliphron fistularium)

abeja alfarera

avispón

abeja de la miel

avispa del papel

Panales de barro

Construyo mi diminuta colmena en forma de vasija con pequeñas bolitas de arcilla o barro, y luego la adhiero a una rama. Al poner un huevo, sello la vasija y me marcho. ¿Quién soy?

Papel envuelto

Mi panal de papel cuelga de los árboles, arbustos o de los aleros de los edificios. Como reina que soy, empecé la colmena con una sola celdilla, pero fue creciendo poco a poco a medida que nacieron más obreras. El exterior está envuelto en hojas de papel, al igual que un regalo de Navidad. La única puerta del panal es un pequeño orificio situado en la base o un lateral. ¿Quién soy?

Desayuno en la cama

En lugar de ir y venir para alimentar a sus hambrientas crías, algunas madres de avispa se muestran extraordinariamente organizadas. La hembra de la abeja alfarera caza orugas, las aguijonea las paraliza en su minúscula colmena en forma de vasija y a continuación pone un huevo en su interior. Al eclosionar la larva, ésta dispone de todo el alimento necesario sin tener que abandonar su confortable lecho.

Tubos de órgano

Encontrarás mis colmenas largas y tubulares, construidas con bolitas de barro, en lugares resguardados, tales como aleros, cobertizos o puentes. Algunos creen que se parecen a los tubos de un órgano. ¿Quién soy?

Maravillas del invierno

¿Sabías que algunas plantas hibernan en invierno, al igual que lo hacen ciertos animales? En plena estación fría, cuando sientas nostalgia del esplendor primaveral, puedes disfrutar de una visión anticipada del mismo hurgando bajo la nieve en busca de flores.

Material necesario
desplantador (llana)
guía de campo de flores silvestres
lápiz
papel

1. Visita algún lugar del bosque en el que año tras año hayas visto flores en primavera. En caso contrario, busca en espacios abiertos, lejos de los árboles.
2. Si la capa de nieve es muy espesa, utiliza un desplantador para excavar un pequeño hoyo. Retira con cuidado las hojas caídas y fíjate en los brotes de las pequeñas flores silvestres que se esconden debajo de la nieve. Sus tallos han muerto, pero sus raíces y a veces sus hojas basales siguen vivas. En lugar de crecer a partir de semillas, lo hacen a partir de sus raíces hibernantes. Algunas flores pueden adoptar la forma de un anillo de hojas verdes, mientras que otras pueden mostrar los restos de las hojas muertas del año anterior.
3. Busca jengibre silvestre, hepática u otras especies botánicas. Tal vez necesites una guía de campo para identificarlas.
4. Cubre de nuevo las flores «durmientes» con las hojas y la nieve para mantenerlas protegidas del frío.
5. Anota en tu bloc dónde encontraste las flores esbozando un pequeño mapa, y regresa en primavera para contemplarlas en todo su esplendor. Si tomas nota de los lugares en los que florecen las plantas silvestres, te resultará más fácil encontrarlas el próximo invierno.

El anticongelante de la naturaleza

Si los árboles contienen un 80-90% de agua, ¿se congelan en invierno? En efecto, se congelan, pero no les duele ni los daña. Cuando se aproxima el frío, la concentración de azúcar en sus células aumenta, actuando a modo de anticongelante. Sin embargo, esto no es suficiente para evitar que los árboles se hielen como témpanos durante los períodos más fríos del invierno. A principios de primavera, cuando hiela por la noche y el clima es más cálido de día, la mayor concentración de azúcar en la savia hace que ésta se funda durante el día, aunque puede seguir congelándose de noche. Es precisamente este proceso alternativo de congelación y fusión en el interior del árbol lo que fomenta el flujo de la savia. Con esta simple actividad comprobarás cómo el azúcar contribuye a reducir la temperatura de congelación del agua.

Material necesario
2 vasos de plástico
agua
azúcar
cuchara
congelador

1. Llena de agua los dos vasos hasta la mitad.
2. En uno de ellos añade 2 cucharadas de azúcar y agítalo hasta que éste se disuelva.

3. Mete los dos vasos en un congelador y, transcurrida una hora, compara su contenido. Como verás, la mezcla de agua y azúcar no se ha congelado, mientras que el agua pura sí lo ha hecho. No obstante, al final, el agua azucarada acabará helándose a causa de la temperatura extremadamente fría del congelador.

¿Cómo funciona?
El azúcar en el agua actúa a modo de anticongelante, reduciendo el punto de congelación del agua. De ahí que el agua pura se hiele antes y a una temperatura mayor que el agua azucarada. Si pudieras programar la temperatura del congelador a 0 ºC (punto de congelación del agua), descubrirías que el agua pura está helada, pero la azucarada no.

En marcha

¿Cómo se las ingenian las aves para encontrar el camino de vuelta desde las regiones de cría en verano hasta las de alimentación en invierno? ¿Por qué migran? Por desgracia, los pájaros no pueden hablar, de manera que no podemos saber a ciencia cierta cuál es la respuesta a estas preguntas. Pero lo que sí podemos hacer es preguntar a los ornitólogos (científicos que estudian las aves). A continuación, el Dr. Ian Kirkhan responde a algunas de las preguntas más comunes acerca de la migración.

P. ¿Qué es la migración?

R. La migración es el movimiento estacional de las aves y otros animales. Existen tres tipos de migración: diurna, nocturna y de altura. La migración diurna se produce durante el día (diurno significa día). Por su parte, las aves que vuelan de noche se denominan migradoras nocturnas (nocturno significa noche). Por último, a diferencia de la migración diurna y nocturna, la de altura puede durar escasos minutos. En otoño, las aves que tienen su nido en lo alto de las montañas descienden hasta las laderas más bajas o los valles, y en primavera retornan a altitudes más elevadas. En lugar de volar miles de kilómetros para llegar a un hábitat adecuado, los migradores de altura llegan a su destino mucho más rápido y con mucha más facilidad (¡algo parecido a tomar un ascensor!).

P. ¿Por qué migran las aves?

R. Existen diversas razones por las que migran las aves. Puede estar desencadenada por las reducidas horas de insolación o por la escasez de alimento, o en primavera, por el instinto de regresar a las regiones de cría. Pero no todas las aves prestan atención a estos factores, ya que no todas las especies migran.

P. ¿Cómo encuentran el camino?

R. Algunas aves, como los gansos jóvenes, siguen a sus padres durante la migración, aunque los de otras muchas especies vuelan hacia el sur por sí solos. Cómo lo consiguen ha sido un rompecabezas para los científicos desde hace muchísimo tiempo. Algunas aves se desplazan a lo largo de cadenas montañosas y líneas costeras, como si se tratara de las carreteras en un mapa, mientras que otras cruzan los océanos sin ningún tipo de referencia geográfica. Según una teoría, las aves migradoras utilizan las estrellas o el ángulo del sol para encontrar el camino, al igual que los pilotos y marineros. Si bien es cierto que sigue habiendo algunos misterios relacionados con la migración, una cosa es segura: no sólo llegan siempre a su destino, sino que lo hacen casi en la misma semana o incluso el mismo día cada año.

P. **¿Qué distancia recorren las aves cuando migran?**

R. Depende de la especie. Numerosas aves recorren unos 3.000 km aproximadamente, aunque algunos migradores asombrosos cubren distancias mucho mayores. La golondrina del Ártico, por ejemplo, vuela desde las regiones más septentrionales del planeta hasta la punta meridional de América del Sur y el continente antártico. Su recorrido supera la distancia alrededor de la Tierra, lo que la convierte en el mayor migrador de todo el reino animal.

Maravillas de la migración

- *La grulla aulladora vuela cada año desde el sur de Texas hasta el norte de Alberta para anidar en el Parque Nacional Wood Buffalo. Dado que las grullas siempre retornan al mismo lugar, los científicos pueden contar su número exacto de un año a otro.*

- *En San Juan Capistrano, California, la gente suele sintonizar sus relojes a partir del regreso masivo de las golondrinas, que tiene lugar el 19 de marzo de cada año.*

- *En Pembroke, Ontario, se celebra un Festival de las Golondrinas en agosto. Casi 200.000 ejemplares invaden la ciudad en una de sus estadías migratorias.*

Lo creas o no

En la antigüedad, la gente tenía ideas extrañas acerca de la aparición y desaparición estacional de algunas aves.

- *Aristóteles, el antiguo filósofo griego, creía que los pájaros no migraban a ningún lugar, sino que simplemente cambiaban su identidad por la de otras especies. Así, por ejemplo, decía que cuando se aproximaba el verano, el gorrión europeo se convertía en el colirrojo europeo, lo cual explicaba por qué éste aparecía mientras que el gorrión desaparecía.*

- *Algunos naturalistas estaban convencidos de que sólo las grandes aves migraban a través de los océanos. Según decían, las avecillas de menor tamaño se desplazaban a lomos de las demás.*

- *En 1703, un inglés escribió que las aves volaban hasta la luna durante un período de sesenta días y que luego hibernaban.*

Calentarse en invierno

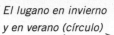

El lugano en invierno y en verano (círculo)

Si vives en un clima en el que los inviernos son crudos y nevados, sabrás por experiencia que mantenerse cálido constituye uno de los principales pasatiempos. Pues bien, al igual que el ser humano, los pájaros también han desarrollado diferentes formas de protegerse del frío. ¡En realidad, algunos de los trucos para la supervivencia invernal los hemos aprendido de ellos!

Plumaje

En invierno, mucha gente viste anoraks o abrigos para mantener el calor corporal. Las plumas constituyen un elemento extraordinario para que los pájaros se mantengan calientes. En efecto, el aire queda atrapado entre ellas, actuando a modo de aislante. A decir verdad, las aves suelen ahuecar su plumaje para atrapar la mayor cantidad de aire posible para resguardarse así del frío. Algunas especies llegan incluso a aumentar tres veces su tamaño normal.

Más plumas

Cuando soplan los vientos invernales, llega la hora de ponerse otro jersei, y tal vez ropa interior más larga. Las aves carecen de prendas de vestir y recurren a un magnífico método de calefacción interior: la cantidad de plumas aumenta. El lugano (jilguero americano), por ejemplo, tiene alrededor de mil plumas más en invierno que en verano.

Apiñados

Apiñarse es una forma excelente de combatir el frío. Los carboneros se reúnen en pequeños grupos en los huecos de los árboles para mantener el calor corporal. Por su parte, millones de estorninos pueden reunirse en los tejados, cornisas y árboles de hoja perenne. ¿A qué se deben estas gigantescas «asambleas»? Algunos expertos creen que el calor corporal combinado y la masa de los pájaros los ayuda a conservar el calor, reduciendo el efecto del viento frío.

58

Un cálido lecho de nieve

Sin duda habrás oído la expresión: «manta de nieve». Pues bien, el urogallo se lo toma muy en serio. En las noches frías, excava un hoyo en un terraplén cubierto de nieve para dormir. Los espacios de aire que quedan en la nieve le proporcionan un excelente aislamiento. Al mismo tiempo, la nieve le permite camuflarse con el entorno y protegerse de los depredadores. Otros pájaros más pequeños, como el gorrión arborícola americano, el pardillo sizerín y el escribano nival también buscan refugio bajo la nieve cuando el frío arrecia. Pero si crees que el lecho de nieve sólo es para las aves, estás muy equivocado. Los esquimales, en el Ártico, duermen en casas de hielo, y muchos supervivientes de accidentes aéreos han conseguido sobrevivir acurrucándose en la nieve.

Pata de urogallo

Calzado de plumas

Para andar por la nieve, hay quien utiliza un calzado especial, que distribuye el peso a lo largo de una mayor área, lo que permite desplazarse por la superficie de la nieve en lugar de hundirse en ella. Pues bien, en invierno algunas aves disponen de su propio calzado para la nieve en miniatura. Unos abultamientos escamosos en los dedos del urogallo le facilitan el desplazamiento a través de la nieve. Asimismo, entre los dedos de las perdices blancas crecen plumas adicionales.

Alimentar a los pájaros

¿Cómo puedes conseguir que los pajarillos acudan a tu jardín? ¡Invitándolos a comer! Alimentar a los pájaros es muy divertido y constituye una forma excelente de verlos de cerca y descubrir más cosas acerca de su comportamiento.

En las regiones donde los inviernos son muy fríos, muchos pájaros dependen de los comederos para sobrevivir. En efecto, la energía que les proporciona la comida les permite mantenerse calientes. A menudo, la clave de la supervivencia invernal es el alimento y no la temperatura. De ahí que sea muy importante dar de comer a tus amiguitos plumíferos. Aliméntalos durante todo el invierno y también en primavera hasta que la naturaleza pueda ofrecerles de nuevo de su aprovisionamiento de semillas, bayas e insectos.

Aunque puedes comprar un comedero para pájaros en cualquier tienda de animales, también tienes la posibilidad de construir uno con unos cuantos materiales fáciles de encontrar. Prueba con algunas de las ideas siguientes para atraerlos y alimentarlos, construyendo varios comederos y colgándolos en el jardín o el patio de la escuela.

Comedero con un coco

Tal vez creas que los cocos sólo son para los monos, ¡pero éste también está indicado para los pájaros!

Material necesario
un coco
berbiquí
sierra pequeña
1-1,5 m de alambre fino y flexible

1. Practica un orificio en el coco y extrae el agua.
2. Con la sierra, corta el coco por un extremo, a un cuarto de su longitud. Pide ayuda a un adulto; podrías lastimarte.
3. Practica otros dos orificios cerca del borde cortado, uno en cada lado. Ensarta el alambre de tal modo que el coco se pueda colgar de una rama o de cualquier otro soporte.

4. Algunos pájaros picotearán el coco, aunque también puedes aprovechar la cavidad para llenarla de semillas.

A tener en cuenta

Observa los pájaros que acuden a tu comedero doméstico y podrás aprender muchas cosas sobre ellos. Veamos algunas en las que deberías fijar tu atención:

- ¿Qué tipo de alimento prefiere cada especie? Los pajarillos, al igual que las personas, tienen sus preferencias a la hora de comer; algunos alimentos les gustan y otros no. A los pájaros carpinteros y otros insectívoros, por ejemplo, les encanta el sebo (grasa de pella), mientras que a los que se alimentan de semillas, como la urraca azul y el picogordo nocturno, prefieren las pipas de girasol.

- ¿Dónde les gusta comer? Algunas especies, como la urraca azul y los cardenales, prefieren hacerlo a 1,5 m de altura o más del suelo, mientras que los junquillos suelen comer en el suelo, picoteando las semillas que caen del comedero.

- ¿Qué pájaros dedican más tiempo a comer? Cada especie tiene sus propios hábitos. Los carboneros, sin ir más lejos, se dan un fugaz atracón y se marchan precipitadamente, regresando uno o dos minutos más tarde para repetir el proceso. En cambio, la paloma rabuda planea delicadamente, aterriza y se deleita con el festín larga y tranquilamente.

- ¿Algunos pájaros son más agresivos que otros? Cuando hayas observado el comedero durante un rato, descubrirás la «personalidad» de cada especie. En términos generales, los pajarillos de menor tamaño se asustan ante la presencia de los más grandes y ruidosos. Las especies más agresivas, como los estorninos y las urracas azules, acuden al comedero en bandadas.

- ¿A qué hora suelen acudir los pájaros a comer? En ciertos momentos del día puede haber una actividad febril en el comedero. Cuando hayas determinado cuál es el «programa» de alimentación, podrás elegir el momento más adecuado para observar a los pájaros.

Comedero de sebo

Facilita la vida de los pájaros carpinteros con este comedero fácil de construir.

Material necesario
leño de pequeño tamaño, largo como el brazo
    y algo más grueso, de álamo o abedul
berbiquí
clavo de ojete
30 cm de alambre grueso y flexible
sebo

1. Elabora el sebo derritiendo grasa de buey (no utilices grasa de cerdo; es demasiado salada) y luego déjala enfriar.
2. Practica varios orificios de 1-2 cm de profundidad y 2,5 cm de anchura alrededor del leño. Para ello, usa la broca más grande que tengas y a continuación ensancha los orificios alrededor de los bordes.
3. Coloca un clavo de ojete en un extremo.
4. Llena los orificios de sebo.
5. Cuelga el leño de una rama con alambre.

Comedero con una lata

¿Qué se obtiene cuando se confecciona un «bocadillo» con una lata de refresco y dos moldes de pastelería? ¡Un extraordinario comedero para pájaros!

Material necesario
lata de refresco limpia (extrae las dos bases)
cortalatas
2 moldes de pastelería de aluminio
tijeras
75 cm de alambre grueso y flexible
comida para pájaros
60 cm de cuerda

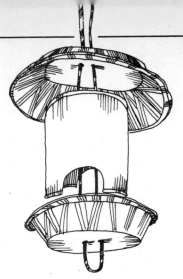

1. Pide a un adulto que corte dos semicírculos en lados opuestos del borde inferior de la lata. Deberá utilizar un cortalatas.

2. Practica dos pequeños orificios en el centro de cada molde, a 4 cm de distancia el uno del otro.

3. Ensámblalo como se muestra en la figura superior, pasando el alambre a través de los moldes, de manera que los dos cabos sueltos queden arriba.

4. Retuerce los cabos sueltos del alambre a unos 10 cm por encima del molde superior.

5. Desliza hacia arriba el molde superior para poder llenar la lata de semillas. A medida que los pájaros vayan comiendo del molde inferior, las semillas saldrán a través de los semicírculos y llenarán de nuevo la bandeja.

6. Este comedero se puede colgar de una rama con una cuerda o ponerlo sobre una mesa o cualquier otra plataforma.

7. Para llenar de nuevo el comedero, desliza hacia arriba el molde superior y echa las semillas.

Comedero con una bolsa de cebollas

¿Quieres dar de comer a los pájaros y reciclar al mismo tiempo? Utiliza la red de malla en la que se venden las cebollas para confeccionar este comedero inodoro.

Material necesario sebo
          red de malla (no uses rejilla
            de gallinero)
          30 cm de cuerda
          comida para pájaros

1. Elabora el sebo derritiendo grasa de buey (no utilices grasa de cerdo; es demasiado salada) y luego déjala enfriar.
2. Moldea el sebo, forma una bola del tamaño de una pelota de tenis y hazla rodar sobre las semillas.
3. Mete la bola en la red de malla y cuélgala de una rama con una cuerda.

Comedero con una piña

Alimenta a las aves trepadoras, los carboneros y otros pájaros insectívoros con un exquisito festín de sebo.

Material necesario sebo
          piñas de pino
          clavo de ojete
          30 cm de cuerda o alambre
            fino y flexible

1. Elabora el sebo derritiendo grasa de buey (no utilices grasa de cerdo; es demasiado salada) y luego déjala enfriar.
2. Haz rodar la piña por el sebo o sobre una mezcla de sebo y mantequilla de cacahuete, rellenando los huecos y hendiduras.
3. Inserta un clavo de ojete en la piña tal y como se indica en la ilustración superior.
4. Ata una cuerda o un alambre a la piña (fíjate en la ilustración) y cuélgala de una rama.

Comedero de cacahuetes

He aquí una ingeniosa forma de atraer a los pajarillos a tu jardín o al patio de la escuela. También es posible que acuda alguna que otra ardilla.

Material necesario
cacahuetes crudos con cáscara
cuerda

1. Ata los cacahuetes en ristra con una cuerda.
2. Cuelga la cuerda de una rama.

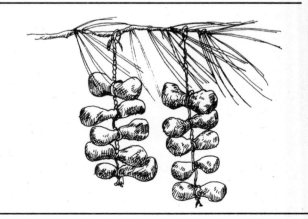

La naturaleza en primer plano

¿Crees que todos los insectos parecen iguales? Descubre las diferencias entre las mariposas ordinarias y las de la luz, y por qué las arañas y otros animalitos por el estilo no son auténticos insectos. Aprende a identificar las aves insectívoras por la forma de su pico. Luego, busca entre los árboles del bosque un hueco en el tronco fabricado por un pájaro carpintero o un búho. Aprovecha para recoger unas cuantas piñas y llévatelas a casa para realizar sencillos experimentos. Incluso las flores de tu casa o del jardín pueden contar fascinantes historias si las examinas detenidamente. Husmea en la naturaleza y te asombrarás.

¿Qué es un insecto y qué no es un insecto?

¿Qué te parece? ¿Dirías que todos los animalitos que ilustran esta página son insectos? ¿Sí? Pues no. Algunos de ellos son «impostores». ¿Cómo se pueden distinguir los insectos de los que no lo son?

Todos los insectos adultos comparten ciertas características (los inmaduros son tan diferentes que resulta casi imposible asegurar si lo son o no; es algo que sólo se consigue con la práctica):

- □ Seis patas
- □ El cuerpo dividido en tres partes: cabeza, tórax y abdomen
- □ Dos antenas
- □ La mayoría de ellos tienen uno o dos pares de alas

Ahora intenta adivinar cuáles de los siguientes bichitos son insectos y cuáles no (respuesta en p. 92).

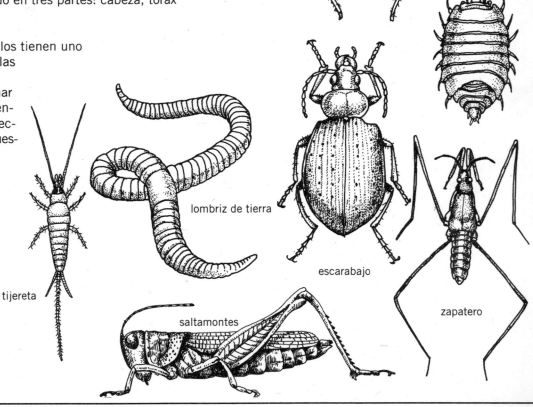

araña de jardín

piojo de la madera

lombriz de tierra

escarabajo

zapatero

tijereta

saltamontes

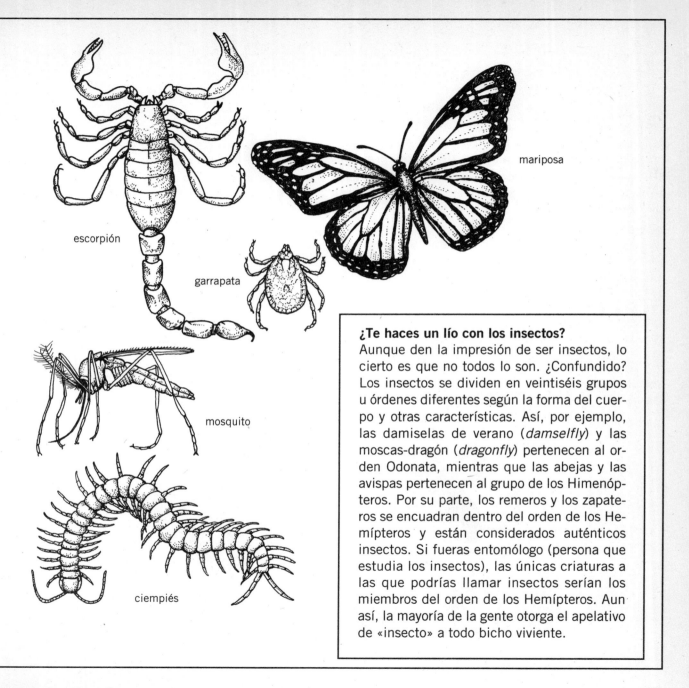

escorpión

mariposa

garrapata

mosquito

ciempiés

¿Te haces un lío con los insectos?
Aunque den la impresión de ser insectos, lo cierto es que no todos lo son. ¿Confundido? Los insectos se dividen en veintiséis grupos u órdenes diferentes según la forma del cuerpo y otras características. Así, por ejemplo, las damiselas de verano (*damselfly*) y las moscas-dragón (*dragonfly*) pertenecen al orden Odonata, mientras que las abejas y las avispas pertenecen al grupo de los Himenópteros. Por su parte, los remeros y los zapateros se encuadran dentro del orden de los Hemípteros y están considerados auténticos insectos. Si fueras entomólogo (persona que estudia los insectos), las únicas criaturas a las que podrías llamar insectos serían los miembros del orden de los Hemípteros. Aun así, la mayoría de la gente otorga el apelativo de «insecto» a todo bicho viviente.

Las arañas y sus métodos de captura

Si te interesa el mundo de las arañas, sin duda habrás comprobado que las hay de muy diversos tipos y que además utilizan distintas trampas para capturar a sus presas. Las arañas tejen toda clase de telarañas, incluyendo las rinconeras, las de redecilla y las de embudo. Echa un vistazo a los siguientes ejemplos y descubre cómo se las ingenian para cenar.

Trampillas

Conocida por su típico escondrijo, la araña-trampilla excava una trampa en el suelo, en forma de tubo, y la forra de seda. El tubo está cubierto por una tapa («trampilla») de seda y tierra, y provista de una bisagra igualmente de seda. El animal se esconde en su madriguera dejando la trampilla entreabierta, y tan pronto como un insecto se aproxima a ella, salta sobre ella, la paraliza y luego la arrastra hasta el interior de la trampa. ▷

Telaraña rinconera

Si te olvidas de quitar el polvo en los rincones del techo de tu dormitorio o del salón, podrías detectar la presencia de alguna araña. Las telarañas rinconera son muy habituales en el entorno doméstico. Las arañas las utilizan para atrapar moscas. ▷

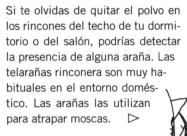

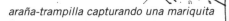

araña-trampilla capturando una mariquita

68

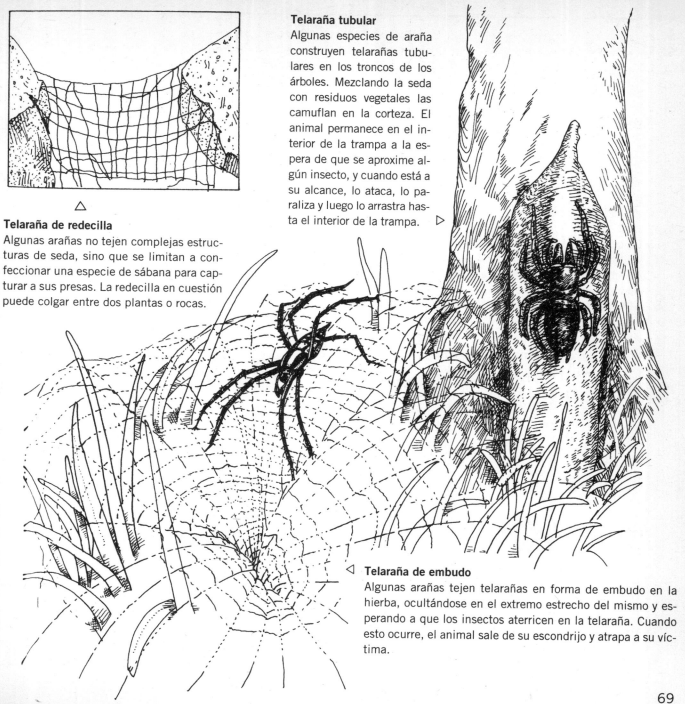

Telaraña tubular

Algunas especies de araña construyen telarañas tubulares en los troncos de los árboles. Mezclando la seda con residuos vegetales las camuflan en la corteza. El animal permanece en el interior de la trampa a la espera de que se aproxime algún insecto, y cuando está a su alcance, lo ataca, lo paraliza y luego lo arrastra hasta el interior de la trampa. ▷

△

Telaraña de redecilla

Algunas arañas no tejen complejas estructuras de seda, sino que se limitan a confeccionar una especie de sábana para capturar a sus presas. La redecilla en cuestión puede colgar entre dos plantas o rocas.

◁ **Telaraña de embudo**

Algunas arañas tejen telarañas en forma de embudo en la hierba, ocultándose en el extremo estrecho del mismo y esperando a que los insectos aterricen en la telaraña. Cuando esto ocurre, el animal sale de su escondrijo y atrapa a su víctima.

Observación...

¿Por qué no invitas a una araña a que teja para ti y puedas así observar cómo lo hace?

Material necesario
rama en horquilla
frasco grande de cristal
film de plástico o retal de tela
aro de goma
insectos
pulverizador lleno de agua

1. Coloca la rama en el interior del frasco.
2. Captura una araña tejedora, como por ejemplo una típica araña de jardín, y deposítala con cuidado sobre la rama.
3. Cubre el recipiente con film de plástico o un retal de tela y sujétalo con un aro de goma

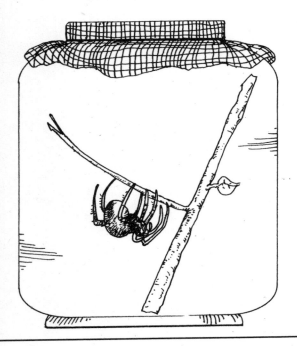

4. Observa a la araña tejiendo la red. Cuando haya terminado, introduce un par de insectos voladores (moscas, mosquitos) y fíjate en cómo se desarrolla la acción.

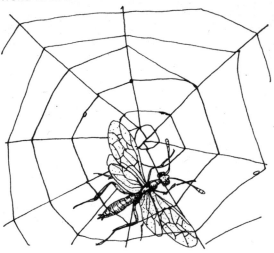

5. Pulveriza la telaraña con agua para que el animalito tenga un poco de humedad.

6. Suelta la araña al día siguiente.

... y recogida de telarañas

A diferencia del nido de los pájaros, las telarañas se pueden recoger sin que ello suponga el menor peligro para sus propietarias. Las arañas las reconstruyen rápida y frecuentemente. Puedes coleccionar diferentes diseños de telaraña o bien confeccionar tus propios modelos a partir de los mismos.

Material necesario
lata de laca transparente en espray
hoja de cartulina negra
tijeras
plástico de cocina

1. Localiza una telaraña.
2. Asegúrate de que la telaraña esté ausente y luego pulverízala ligeramente con laca en espray hasta que esté rígida.

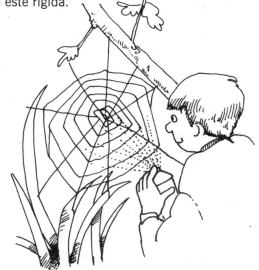

3. Coloca una cartulina debajo de la telaraña.
4. Corta con mucho cuidado las hebras que la sujetan a su soporte (plantas, rocas, etc.).

5. Ten lista la cartulina para recoger la telaraña cuando esté suelta.

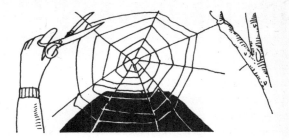

6. Aplica otra ligera capa de laca en espray en la cartulina para que la telaraña quede bien adherida.

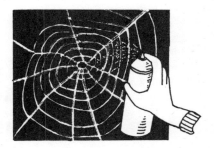

7. Recubre la cartulina y la telaraña con plástico de cocina si es que deseas guardarla para tu colección.
8. También puedes utilizar pintura de diferentes colores para decorarlas.

Diferencias entre una mariposa ordinaria y una mariposa de la luz

Las mariposas ordinarias y las mariposas de la luz están estrechamente relacionadas. Es como si fueran primas. Mucha gente tiene dificultades para distinguirlas, pero cuando se sabe lo que hay que buscar, es muy fácil adivinar quién es quién.

Las mariposas ordinarias tienen dos antenas finas y con un ligero abultamiento en su extremo, mientras que las de la luz parecen plumas o hebras sin abultamiento alguno.

En estado de reposo, las mariposas ordinarias cierran las alas, pero no pueden plegarlas, mientras que las mariposas de la luz las pliegan sobre el dorso.

Las mariposas ordinarias suelen tener un cuerpo largo y esbelto, mientras que las de la luz son regordetas y vellosas.

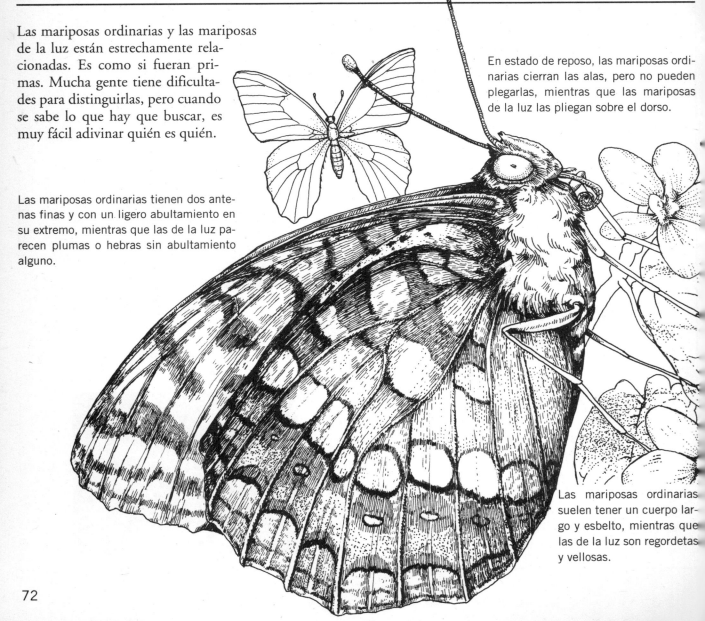

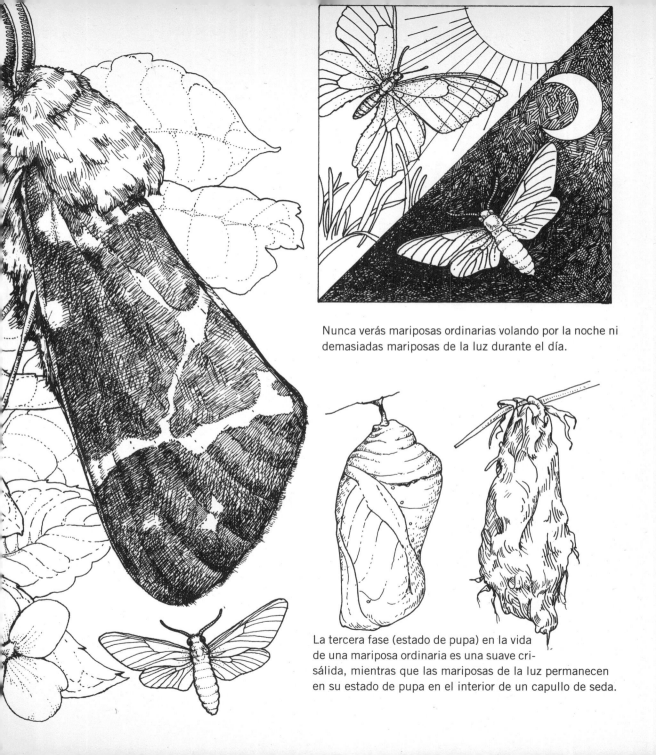

Nunca verás mariposas ordinarias volando por la noche ni demasiadas mariposas de la luz durante el día.

La tercera fase (estado de pupa) en la vida de una mariposa ordinaria es una suave crisálida, mientras que las mariposas de la luz permanecen en su estado de pupa en el interior de un capullo de seda.

Disección de una flor

Disecciona una flor para examinar las partes que la componen.

geranio silvestre

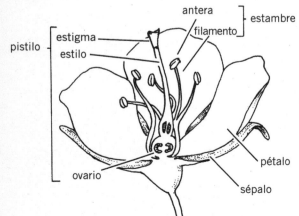

pistilo

estigma
estilo
ovario

antera
filamento
} estambre

pétalo
sépalo

Material necesario
flor (tulipán, lirio, etc.)

1. Observa las seis partes que parecen pétalos. Las tres exteriores son los sépalos (en algunas flores aparecen en forma de hojas verdes), que protegen la flor cuando se halla en la fase de capullo. Sepáralos con cuidado.

sépalo

2. A continuación examina los pétalos. Es probable que su color, forma y tamaño estén diseñados para atraer a los insectos polinizadores, aunque también protegen los órganos sexuales de la flor para que no se sequen.

pétalo

3. Arranca los pétalos y observa los estambres, es decir, los órganos sexuales masculinos de la flor. Parecen finos tallos, llamados filamentos, con una cabeza en forma de vaina. Las cabezas se llaman anteras y suelen ser amarillas, aunque también las hay de otros colores (en los tulipanes son negras). Toca suavemente una antera. Si está madura, casi siempre desprende un polvillo amarillento llamado polen. Fíjate en la unión del estambre a la base.

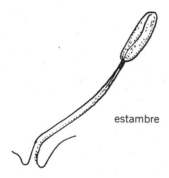

estambre

4. Arranca los estambres, dejando a la vista el pistilo central (órgano sexual femenino). Consta de tres partes: una base hinchada, llamada ovario, donde se forman las semillas; una especie de tallo; y una cabeza llamada estigma, donde debe aterrizar el polen para fecundar la flor. Intenta distinguir todas estas secciones.

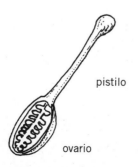

pistilo

ovario

5. Cada especie tiene su propia estructura. Algunas flores, por ejemplo, tienen múltiples pistilos independientes, mientras que otras es posible que carezcan de estilos. Sin embargo, las partes básicas siempre deberían ser las mismas.

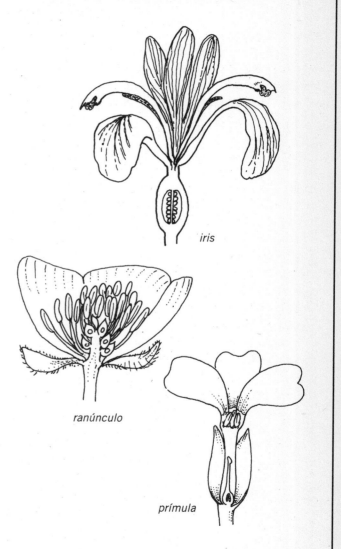

iris

ranúnculo

prímula

Minifábrica alimentaria

Las plantas no necesitan «salir de casa» para ir en busca de alimentos; elaboran su propia comida. En efecto, las hojas de la mayoría de las plantas actúan a modo de minifábricas alimentarias en las que se producen hidratos de carbono o azúcares, esenciales para su supervivencia. Para poder hacerlo, necesitan tres ingredientes fundamentales: agua de la tierra, dióxido de carbono del aire y energía del sol. Este proceso de elaboración del alimento de las plantas se llama fotosíntesis.

Durante la fotosíntesis, el agua penetra en la planta a través de las raíces y circula hasta el tallo y las hojas. Por su parte, el dióxido de carbono entra en las hojas a través de unos minúsculos poros que se conocen con el nombre de estomas. Los estomas se abren y se cierran dependiendo de la cantidad de agua disponible en la planta. Cuando la reserva es muy elevada, se abren, permitiendo que se escape un poco de agua, al tiempo que facilitan el acceso al dióxido de carbono, y viceversa. Por último, la energía solar es el elemento indispensable para que se pueda iniciar el proceso.

La clorofila de las hojas utiliza ésta energía para desencadenar una reacción química que produce hidratos de carbono y oxígeno. Los hidratos de carbono se transportan hasta las demás partes de la planta a través de la savia que fluye por unos conductos especiales del tallo. El alimento almacenado contribuye al crecimiento de la planta, y el oxígeno generado en la reacción química se libera en el aire a través de los estomas. Dado que el agua no es sólo un ingrediente de la fotosíntesis, sino que se escapa por los estomas durante el proceso, se necesita en grandes cantidades para que la fábrica alimentaria funcione.

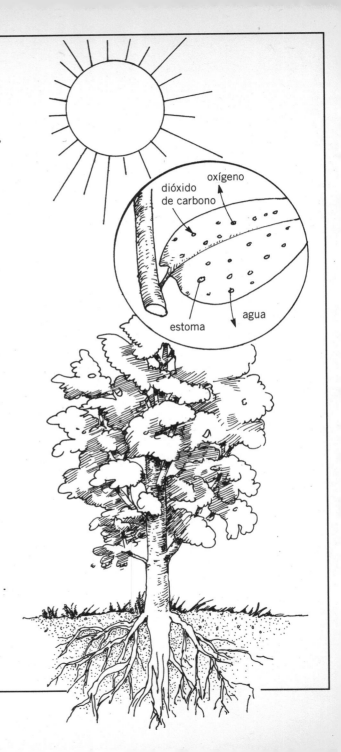

¿Árboles que sudan?

Cuando tienes calor, tu cuerpo suda para enfriarlo. Los árboles también sudan, aunque no para enfriarse, sino para dejar escapar el exceso de agua. Salvo en los períodos muy secos, las hojas pierden agua constantemente a través de unos diminutos orificios llamados estomas. Esta pérdida se denomina transpiración. Al escapar por las hojas, el agua crea una especie de vacío en el xilema, que bombea más agua desde las raíces. Aunque la planta absorbe una parte del agua que bombea, la mayor parte de la misma se libera de nuevo en el aire. Con unos simples materiales puedes reproducir el proceso de transpiración de las plantas recogiendo una parte del agua perdida.

Material necesario

bolsa de plástico
planta que no tenga las hojas gruesas, bulbosas
    o «enceradas»
cuerda
agua

1. Por la mañana (los días soleados son ideales), coloca una bolsa de plástico sobre una hoja sana y ata la abertura con una cuerda, procurando no dañar el tallo de la hoja. Si vas a usar una planta doméstica, riégala a conciencia.
2. Observa la bolsa al atardecer y descubrirás la presencia de gotas de agua en su interior. La planta transpira.

Beber

Cuando tomas un refresco con una pajita, la acción de succionar impulsa el líquido hacia arriba a través de la misma y hace que fluya en mayor cantidad hacia la base. Pues bien, las plantas también beben gracias a un sistema de conductos (xilema) semejantes a pajitas de refresco, situados en el interior del tallo. Las finas columnas de agua ascienden en parte a causa de un fenómeno que se denomina acción capilar, en el que el agua tiende a «agruparse» y a subir. Por su parte, las hojas de las plantas también contribuyen a succionar el agua abriendo sus estomas. Cuando ésta llega a las hojas, una buena parte de la misma se escapa a través de los estomas, creando una acción de succión, bombeando el agua a través de los conductos del xilema y atrayendo más agua hacia las raíces. De este modo, la columna de agua se mantiene permanentemente, al igual que el líquido que asciende por la pajita, y sólo se vacía cuando dejas de succionar o cuando se agota el líquido. En los árboles de gran tamaño, es posible que el agua tenga que ascender más de 30 m, y lo cierto es que a pesar de tan largo recorrido, el flujo es muy rápido, alcanzando velocidades de hasta 45 m por hora. Para comprobar cómo asciende el agua en el interior de una planta, realiza la actividad de la página siguiente.

La succión de agua en las plantas

Observa cómo bombea el agua una planta ofreciéndole una bebida de otro color. Veamos cómo.

Material necesario

cúter
zanahoria fresca con hojas
3 vasos de agua
colorante para alimentos (rojo o azul)
tallo fresco de apio con hojas
tulipán blanco o clavel

1. Corta la punta de la zanahoria e introdúcela en un vaso de agua. Añade unas cuantas gotas de colorante para alimentos.
2. Coloca un tallo de apio en otro vaso de agua con colorante.
3. Por último, introduce un tulipán o un clavel blanco en el tercer vaso, también con colorante.

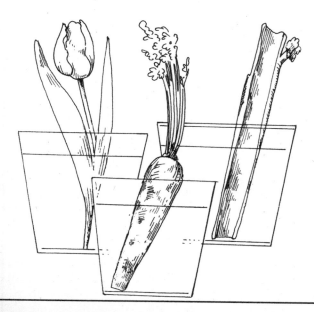

4. Espera a que transcurran algunas horas.
5. Fíjate en el color de las hojas y las flores. Como verás, han adoptado la tonalidad del agua.

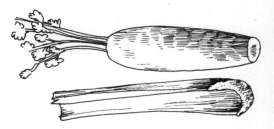

6. Corta con cuidado la zanahoria longitudinalmente y examina el corazón. Recuerda que las zanahorias son las raíces de la planta. El corazón coloreado indica cómo la raíz ha succionado el agua del vaso y lo ha transportado hasta los tallos y las hojas.

7. Corta una rodaja del tallo de apio y fíjate en el semicírculo de puntos coloreados. Son los extremos de los conductos del xilema que transportan el agua coloreada hasta el tallo de la planta. Raspa suavemente la capa exterior de tejido vegetal del dorso y podrás observar los conductos.

Observación de la hierba

¿Cómo es posible que se pueda segar el césped cada semana sin dañar la hierba, pero si se hace lo mismo con una flor en el jardín, aunque sólo sea una vez, es probable que no vuelva a crecer en toda la temporada? La respuesta reside en la forma en la que crece la hierba. A diferencia de otras muchas plantas, que crecen a partir de la punta, las células activas del crecimiento de la hierba están situadas en el tallo, concretamente en la base de las hojas y los nódulos (véase la ilustración inferior). De este modo, cuando se cortan los extremos de las hojas de la hierba, no se daña la zona de crecimiento, y la sección cortada se regenera rápidamente. ¡Entonces es cuando tienes que sacar de nuevo la segadora!

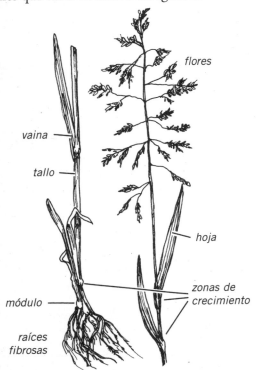

flores

vaina

tallo

hoja

zonas de
crecimiento

módulo

raíces
fibrosas

La hierba: alimentación y otros usos

Lo creas o no, es muy probable que hoy hayas comido distintas variedades de plantas herbáceas, sobre todo si has tomado pan, cereales, pasta o arroz en el desayuno o el almuerzo. Todos estos alimentos proceden de plantas de hierba. A decir verdad, la hierba, y en especial el maíz, el trigo, la avena, la cebada, el arroz, el mijo y el centeno, constituyen el grupo más importante de plantas alimenticias del mundo. En efecto, el arroz hervido es un alimento básico para más de la mitad de la población mundial.

Desde que el hombre empezó a cultivas las plantas herbáceas hace diez mil años, los científicos han intentado mejorarlas continuamente para mejorar su calidad. Incluso hoy, se fomenta la producción de «parientes» silvestres de estas plantas cultivadas para incrementar la resistencia de las cosechas a la enfermedad, la sequía y las temperaturas extremas. Además de constituir un alimento esencial para el ser humano, algunas hierbas, tales como el sorgo y el heno, se utilizan habitualmente para alimentar a innumerables animales (vacas, ovejas, caballos, etc.).

Pero las plantas herbáceas, además de proporcionar comida al hombre y a los animales, también son útiles de otras muchas formas. Así, por ejemplo, la caña de bambú es muy importante como material de construcción; los juncos se entretejen para confeccionar cestas, moquetas y mobiliario (mimbre, etc.); con la paja se confeccionan sombreros; y otras plantas se procesan para elaborar adhesivos, materiales de embalaje e incluso papel.

La hierba en primer plano

Sin duda alguna habrás paseado a través de millones y millones de hojas de hierba a lo largo de tu vida, pero ¿se te ha ocurrido alguna vez examinarlas detenidamente? Ésta es una buena oportunidad. Si es posible, busca un prado, ya que la hierba será más alta y habrá más probabilidades de que haya florecido.

Material necesario
desplantador (llana)
lupa

1. Excava con cuidado en un pequeño montículo de hierba, procurando dañar lo mínimo posible las raíces. Si es posible, elige hierba que haya florecido.

2. Partiendo de la ilustración de la página anterior a modo de referencia, intenta distinguir las diferentes partes de la planta, empezando por sus raíces fibrosas.

3. Ahora fíjate en cómo la vaina encierra y protege el tallo, y luego se abre formando la hoja propiamente dicha.

4. Examina las flores con la lupa. ¿Puedes ver las anteras productoras de polen y los estigmas? ¿Cómo crees que han sido polinizadas las flores? Dado que son extremadamente pequeñas y carecen de color, deducirás fácilmente que no han sido polinizadas por insectos o aves. Cuando las anteras están repletas de polen, cuelgan de la flor para que el viento lo transporte hasta otras plantas.

5. Cuando hayas finalizado el examen, replanta la hierba.

Árboles caducifolios

Si te gusta rastrillar las hojas secas en otoño, dirígete al bosque caducifolio más próximo. A diferencia de las coníferas, los árboles de hoja caduca, tales como los arces, robles, olmos y fresnos, dejan caer sus grandes hojas preparándose para el invierno. Por término medio, en un bosque caducifolio puedes encontrar alrededor de... ¡22 millones de toneladas de hojas muertas por hectárea! Si el rastrilleo se limita a un jardín, la cantidad de trabajo a realizar dependerá de los árboles que haya en él. Un abedul, por ejemplo, pierde aproximadamente 200.000 hojas cada otoño, mientras que un viejo roble puede dejar caer hasta 700.000.

¿Qué podrías hacer con todas estas hojas? En un bosque, simplemente reposarán en el suelo hasta transformarse en abono para los millones y millones de insectos y microorganismos que se encargan de su descomposición. Sin embargo, la mayoría de los jardines son demasiado pequeños como para dejarlos cubiertos de una tupida alfombra de hojas y esperar a que se descompongan. En lugar de tirarlas una vez rastrilladas (¡y después de haber saltado sobre ellas durante un buen rato!), deposítalas en el contenedor destinado a la elaboración de compost (abono). En algunas ciudades, incluso existen contenedores públicos. Las hojas trituradas, como por ejemplo las que quedan cuando siegas el césped, también constituyen un excelente mantillo que protege las plantas «hibernadoras» del jardín.

Los poros de las plantas

Aunque puedas pensar lo contrario, los árboles caducifolios no pierden la hoja simplemente para que estés entretenido en otoño... ¡recogiéndolas, claro está!, sino que lo hacen para detener la pérdida de agua a través de los estomas durante el invierno. Dado que el suelo está helado, el árbol no puede «beber» –bombear– agua a través de sus raíces, si bien es cierto que sigue suministrando agua en pequeñas cantidades al tronco y las ramas. Siempre que la pérdida de agua no sea excesiva, el árbol conseguirá sobrevivir hasta la primavera.

Aunque los estomas son demasiado minúsculos como para distinguirlos a simple vista, realiza el siguiente experimento para revelar su presencia.

Material necesario

agua
cazo
frasco de cristal
hojas verdes de un árbol caducifolio (arce, abedul, olmo, etc.)

1. Pide a un adulto que hierva un poco de agua en un cazo y que la vierta en el frasco.
2. Sumerge una hoja en el agua.
3. Observa la cara de la hoja de la que proceden las burbujitas. El calor del agua provoca la expansión del aire en el interior de la hoja y su expulsión a través de los estomas. Si la mayoría de las burbujas emanan principalmente de una de las caras de la hoja, querrá decir que es allí donde residen los estomas.

Piñas

¿Puedes imaginar qué aspecto tenía la Tierra hace 300 millones de años? Una cosa es segura: los árboles ya existían. Fue entonces cuando se desarrollaron los árboles productores de piñas, tales como el pino y el abeto, y aunque hace ya muchísimo tiempo, estos árboles, llamados coníferas, no han cambiado demasiado con el paso del tiempo. En realidad, las coníferas figuran entre las plantas que mejor se han adaptado al medio y que mejor han sobrevivido en el mundo. Pueden crecer en regiones muy frías, como el Ártico, o en las inmediaciones de los desiertos, donde otras plantas no son capaces de sobrevivir. Y una buena parte de este éxito se debe precisamente a sus piñas.

Las duras escamas en el exterior de la piña contribuyen a proteger de las inclemencias del tiempo, las deficientes condiciones de crecimiento y los animales que se alimentan de las semillas que se ocultan en su interior. Cuando llega el momento, las escamas se abren y liberan las semillas al viento.

Polinización

Observa un pino en primavera. Las piñas rojizas qu[e] crecen verticales en las ramas son las jóvenes piñas fe[]meninas. El viento se encarga de transportar el polen d[e] los órganos masculinos a los femeninos. Una vez polini[]zada, las escamas de la piña se endurecen y se cierran. A[l] mismo tiempo, el tallo que une la piña a las ramas de[l] árbol empieza a doblarse hacia abajo y luego se vuelv[e] verde.

Cuando las semillas están maduras, la piña ya pre[]senta un color amarronado y apunta hacia el suelo. E[s] en este instante cuando las escamas se encogen y s[e] abren, liberando las semillas al viento.

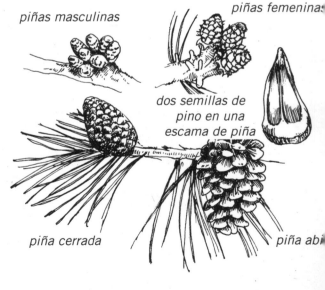

piñas masculinas

piñas femeninas

dos semillas de pino en una escama de piña

piña cerrada

piña abi[erta]

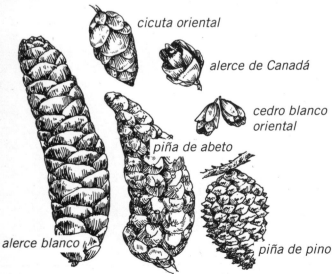

cicuta oriental

alerce de Canadá

cedro blanco oriental

piña de abeto

alerce blanco

piña de pino

84

La piña mágica

Las coníferas han sobrevivido durante tanto tiempo porque sus piñas están especialmente diseñadas para abrirse y cerrarse con el fin de proteger y dispersar las semillas en el momento oportuno.

Ahora puedes conseguir que las piñas se abran o se cierren como por arte de magia recreando las condiciones en las que crecen en la naturaleza.

Material necesario
5 piñas de abeto
molde para hornear galletas
horno
2 piñas de pino blanco o cicuta con las escamas abiertas
cuenco de agua grande
papel absorbente de cocina

1. Pide a un adulto que coloque una piña en un molde para hornear galletas y lo meta en el horno a 150 ℃ durante 15 minutos, al tiempo que pones otra piña del mismo tipo sobre la mesa para compararlas.

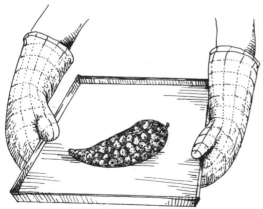

2. Observa lo que le ha sucedido a la piña del horno y compárala con la de la mesa.

3. Mete en el horno otras piñas, de una en una, a temperaturas superiores o inferiores para ver lo que ocurre. Con el horno muy caliente deberían abrirse y liberar las semillas. En este caso, el calor del horno simula el de un incendio forestal. Una vez extinguido, las semillas se esparcen por el suelo, donde pueden crecer en las ricas cenizas de la madera quemada y sin tener que competir con otros árboles más grandes. A su vez, esto ayuda a reiniciar el ciclo de crecimiento de otras plantas y a que el bosque se recupere más deprisa.

4. Coloca una piña en un cuenco de agua durante 15 minutos, dejando otra piña en una mesa para compararlas.

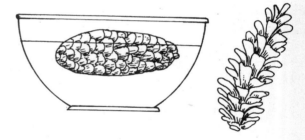

5. Fíjate en lo que le ha sucedido a la piña mojada. Las escamas han empezado a cerrarse. El cuenco de agua representa una intensa tormenta que podría empapar las piñas. Dado que las semillas dependen del viento para encontrar un nuevo emplazamiento donde crecer, éstas deberían ser lo más ligeras y estar lo más secas posible. En este sentido, para mantenerlas secas, las escamas se cierran alrededor de ellas durante los períodos húmedos, actuando a modo de paraguas.

6. Saca del agua la piña mojada y ponla sobre papel de cocina. Observa lo que ocurre al secarse.

El pico de las aves

La próxima vez que visites el zoo fíjate en los distintos tipos de pico que tienen las aves. Cada uno de ellos está diseñado para alimentarse de un determinado tipo de comida (pescado, mamíferos, insectos, fruta y bayas, o néctar). Observando la forma del pico de un ave podrás adivinar cuál es su fuente alimentaria y en ocasiones, incluso su hábitat, es decir, donde vive. Asimismo, el pico constituye una pista muy importante para la identificación de las aves. Intenta emparejar el pico de estas aves con su fuente de alimentación (encontrarás la respuesta en la p. 92).

Pelícano
Mi pico en forma de cuchara me ayuda a capturar alimentos resbaladizos. ¿De qué me alimento?

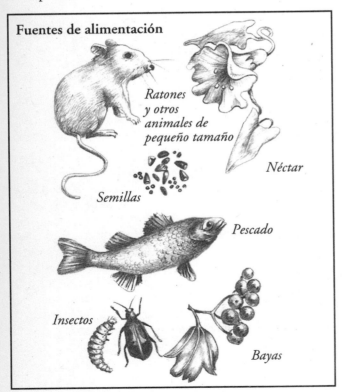

Fuentes de alimentación

Ratones y otros animales de pequeño tamaño

Néctar

Semillas

Pescado

Insectos

Bayas

Colibrí
Mi pico aguzado en forma de alfiler es ideal para hurgar en los huecos de los árboles y en las flores en busca de comida. ¿De qué me alimento?

Vencejo
Mi pico puede ser pequeño y débil, pero se abre y actúa a modo de aspiradora, lo cual me permite capturar la comida en el aire. ¿De qué me alimento?

Ampelis americano
Mi pico corto y ligeramente curvado es extraordinario para picotear. ¿De qué me alimento?

Cardenal
Mi pico grueso y cónico es muy eficaz para desmenuzar y trocear la comida. ¿De qué me alimento?

Halcón
Mi pico robusto y ganchudo es capaz de desmenuzar la carne. ¿De qué me alimento?

El asombroso pájaro carpintero

Si batieras la cabeza contra el tronco de un árbol, la experiencia resultaría muy dolorosa, pero a los pájaros carpinteros parece no preocuparles en lo más mínimo. Su cabeza gruesa actúa a modo de amortiguador de impactos, mientras los poderosos músculos de la cabeza y el cuello le permiten trabajar picoteando un árbol durante horas. Pero esto no es lo único asombroso de esta ave. Sigue leyendo...

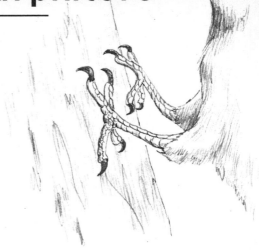

Saca la lengua

Todo el mundo identifica el pico ancho y fuerte del pájaro carpintero, pero ¿te has preguntado alguna vez cómo es la lengua? Estos animales se alimentan de insectos y tienen una lengua parecida al sedal de una caña de pescar. Las vellosidades a modo de ganchos presentes en el borde de la misma les permiten atrapar insectos, al tiempo que su saliva, similar al pegamento, se encarga del resto.

La lengua está sujeta a varios huesos y a un tejido elástico situado en la cabeza. Cuando se necesita la acción de la lengua para capturar insectos en los huecos de los árboles, todo el sistema se desplaza hacia delante y aquélla sale disparada. ¡Totalmente extendida, la lengua de un pájaro carpintero puede alcanzar una longitud cinco veces superior a la del pico!

Colgado

¿Cómo te las ingeniarías para cenar mientras estás co[l]gado del tronco de un árbol? Parece difícil, ¿verda[d]? Pero para un pájaro carpintero no lo es, pues dispone [de] un mecanismo especial de sujeción.

En efecto, esta ave tiene dos dedos que apuntan h[a]cia delante y otros dos que apuntan hacia atrás. És[tos] últimos, junto con sus garras agudas y curvadas, le co[n]fieren un perfecto agarre. Por si fuera poco, se impu[lsa] hacia arriba con la cola, cuyas plumas son mucho m[ás] rígidas que las del resto de su cuerpo.

¿Qué es ese ruido?

Los pájaros carpinteros suelen picotear los árboles, au[n]que también puede haber alguno que picotee en una [tu]ñería o un tejado metálico. Al igual que los niños, a l[os] pájaros carpinteros les encanta hacer ruido. Dado que [la] mayoría de ellos no cantan, recurren a un constante [re]piqueteo para definir su territorio de cría. Sea como fu[e]re, cuando se trata de alimentarse o de acondicionar u[na] cavidad a modo de nido, siempre prefieren los árbol[es].

En busca de un hueco

Ponte la gorra de detective y provéete de unos binoculares. La «caza» de huecos de pájaro carpintero está a punto de empezar. Cada especie construye nidos de diferentes tamaños. Observando detenidamente cada hueco podrás identificar algunas de estas aves sin ni siquiera verlas.

El chupasavia maculado perfora varias hileras de pequeños orificios en los árboles vivos de los bosques. Se alimenta de savia y pequeños insectos que captura en los huecos.

El gran carpintero crestado es capaz de perforar orificios lo bastante grandes como para que quepa un puño.

El carpintero de California almacena bayas taladrando orificios en el tronco de los árboles o en los postes del teléfono, y luego coloca una baya en cada uno de ellos.

Búhos

Muchas especies de búhos son «nocturnas» –activas de noche–, de manera que el mejor momento del día para observarlas es al anochecer.

- Elige con cuidado el emplazamiento de observación, investigando un poco para descubrir qué tipo de hábitat prefieren los búhos. Si ya has visto un búho antes, regresa a ese lugar. Tal vez se repita la suerte.

- Elige la estación adecuada. La primavera es un buen período para la observación, puesto que los búhos anidan y defienden activamente su territorio.

- Busca búhos posados en grandes árboles, cerca de los límites de campos abiertos y cunetas, que es donde suelen cazar. Si oyes un búho, dirígete rápida y silenciosamente hacia la fuente del sonido.

- Ten paciencia y no hables ni hagas ruido. Si por fin descubres un ejemplar, la espera habrá merecido la pena.

Bolitas regurgitadas: verdaderos puzzles de encaje de la naturaleza

Como es lógico, no se te ocurriría comerte un pollo entero con los huesos y todo. Los expulsarías y te comerías las partes blandas. Pero los búhos no son tan quisquillosos. Engullen un pequeño ratón de un solo bocado, aunque no son capaces de digerir las partes duras, regurgitándolas en forma de bolitas. Si diseccionas estos pequeños «paquetitos» de huesos, garras, picos, dientes, piel y plumas, tendrás una pista que te permitirá saber lo que han comido. Los científicos las usan para determinar los cambios en la dieta dependiendo de las regiones y las estaciones del año, y para conocer el rol que desempeñan los búhos en la cadena alimentaria local.

Disección de bolitas regurgitadas

No hace falta ser un experto para diseccionar una bolita regurgitada de búho e intentar adivinar lo que ha comido. Veamos cómo puedes hacerlo.

Material necesario
bolitas regurgitadas de búho
bolsas de plástico de cierre hermético
cuenco de agua caliente
pinzas o palillos de brocheta
guía de campo de mamíferos e insectos

1. Busca bolitas regurgitadas de búho al pie de la percha en la que se posan durante el día o de los nidos, o debajo de las perchas nocturnas.
2. Guárdalas en una bolsa de plástico de cierre hermético hasta que estés listo para diseccionarlas.

3. Las bolitas pequeñas se pueden diseccionar en seco, pero las de mayor tamaño deberían sumergirse en un cuenco de agua caliente durante una hora.

4. Coloca las bolitas ablandadas sobre papel absorbente de cocina y separa con cuidado las partes duras (huesos, dientes, etc.) de las blandas (piel, plumas, etc.), utilizando las pinzas o los palillos de brocheta.

5. Consulta una guía de campo para identificar las diferentes partes. Entre las pistas más importantes figuran la forma, tamaño y diseño de la dentadura de los cráneos y demás partes de la cabeza, alas y patas de los insectos.

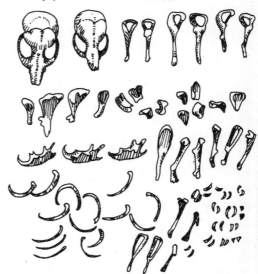

*Huesos que podrías encontrar
en una bolita regurgitada de búho*

Respuestas

La edad de los árboles (p. 28)
El árbol tiene 41 años.

Ramas (p. 29)
El pino tiene 8 años.

Abejas y avispas laboriosas (p. 52)
Estructura de cera: abeja de la miel
Colmenas de papel: avispa del papel
Papel envuelto: avispón
Tubos de órgano: avispa del barro
Panales de barro: abeja alfarera

¿Qué es un insecto y qué no es un insecto? (p. 66)
Los auténticos insectos son: saltamontes, escarabajo, remero, mariposa, mosquito, tijereta.

El pico de las aves (p. 86)
El pelícano come pescado; el colibrí liba el néctar; el vencejo come insectos; el cardenal come semillas; el ampelis americano come bayas; el halcón come ratones y otros animales pequeños.

La Federation of Ontario Naturalists

Desde 1931, la Federation of Ontario Naturalists (FON) se ha dedicado a proteger los parques naturales, los bosques, las marismas, la fauna y la flora, además de divulgar entre la gente de cualquier edad las maravillas de la naturaleza y cómo se puede participar en las actividades de conservación. Como reconocimiento al trabajo realizado por la FON, Environment Canada le ha otorgado recientemente el Premio Nacional de Conservación Medioambiental. La FON tiene 15.000 asociados y cuenta con el apoyo de innumerables clubes de la naturaleza canadienses. Como miembro de la Nature Canadian Federation, también colabora con otras organizaciones locales relacionadas con la naturaleza.

EL JUEGO DE LA CIENCIA

Títulos publicados:

1. **Experimentos sencillos con la naturaleza** - *Anthony D. Fredericks*

2. **Experimentos sencillos de química** - *Louis V. Loeschnig*

3. **Experimentos sencillos sobre el espacio y el vuelo** - *Louis V. Loeschnig*

4. **Experimentos sencillos de geología y biología** - *Louis V. Loeschnig*

5. **Experimentos sencillos sobre el tiempo** - *Muriel Mandell*

6. **Experimentos sencillos sobre ilusiones ópticas** - *Michael A. DiSpezio*

7. **Experimentos sencillos de química en la cocina** - *Glen Vecchione*

8. **Experimentos sencillos con animales y plantas** - *Glen Vecchione*

9. **Experimentos sencillos sobre el cielo y la tierra** - *Glen Vecchione*

10. **Experimentos sencillos con la electricidad** - *Glen Vecchione*

11. **Experimentos sencillos sobre las leyes de la naturaleza** - *Glen Vecchione*

12. **Descubre los sentidos** - *David Suzuki*

13. **Descubre el cuerpo humano** - *David Suzuki*

14. **Experimentos sencillos con la luz y el sonido** - *Glen Vecchione*

15. **Descubre el medio ambiente** - *David Suzuki*

16. **Descubre los insectos** - *David Suzuki*

17. **Descubre las plantas** - *David Suzuki*

18. **La ciencia y tú** - *Ontario Science Centre*

19. **Trucos, juegos y experimentos** - *Ontario Science Centre*

20. **Ciencia divertida** - *Ontario Science Centre*

21. **Naturaleza divertida** - *Pamela Hickman y la Federation of Ontario Naturalists*

EL LIBRO DE LOS PORQUÉS
*Lo que siempre quisiste saber
sobre el planeta Tierra*
KATHY WOLLARD Y DEBRA SOLOMON

252 páginas
Formato: 19,5 x 24,5 cm
Libros singulares

EL PORQUÉ DE LAS COSAS
KATHY WOLLARD Y DEBRA SOLOMON

240 páginas
Formato: 19,5 x 24,5 cm
Libros singulares

EL LIBRO DE LOS PORQUÉS 2
KATHY WOLLARD Y DEBRA SOLOMON

208 páginas
Formato: 19,5 x 24,5 cm
Libros singulares

LOS ENIGMAS DE LA NATURALEZA
*Todo lo que querías saber sobre
la naturaleza y nunca te atreviste
a preguntar*
HAMPTON SIDES

208 páginas
Formato: 19,5 x 24,5 cm
Libros singulares

TODO LO QUE HAY QUE SABER SOBRE EL PLANETA TIERRA
KENNETH C. DAVIS

144 páginas
Formato: 15,2 x 23 cm
Libros singulares

¿QUÉ PASARÍA SI...?
*Respuestas sorprendentes
para curiosos insaciables*
MARSHALL BRAIN
Y EL EQUIPO HOWSTUFFWORKS

192 páginas
Formato: 19,5 x 24,5 cm
Libros singulares